# 幸福になるための人生のトリセツ

読めば今から、
人生が楽になる！

黒川伊保子

幸福になるための人生のトリセツ　目次

CHAPTER 1

# 脳の賞味期限は意外に長い
～二八歳までは入力のピーク、五六歳からは出力のピーク

age 0〜28
28〜56
56〜84

CHAPTER 2

## イライラさせる男たちを手玉に取ろう
～男性脳・女性脳活用法

今日は、私、これやります。
ヨロシク!!
1. シーツを洗う。
2. フトンを干す。
3. 植木に水やり。
4. 買いものに行く。
5. カフェでお茶。
6. 帰宅後休けい。
7. ケーキを食べる。
8. フトンを取りこむ。
9. 昼寝
10. 夕食を作る。
11. 夕食を食べる。
12. テレビを見る。
忙しそうだな。

CHAPTER 3

# 定年だって怖くない

## ～"自分"を楽しむための心得

CHAPTER 1

# 脳の賞味期限は意外に長い

## ～二八歳までは入力のピーク、五六歳からは出力のピーク

# 本当の人生は、五六歳から始まる

## 人生を味わい尽くそうとする脳

私は、今年六〇歳になる。

こうして年齢を書くと、なんだか嘘みたい。気持ちはいつもわくわくしていて、昨日まで一四歳だったみたいな気分なのに……。ときどき、二八歳の息子が年上の男子のような気がしてくるくらいだ。ちなみに、彼とは大の仲良しで、二人でアルゼンチンタンゴも踊る（微笑）。

健康な女性脳は、閉経で、無邪気な少女の脳に戻る。脳科学上、そのことは知っていたけど、ここまで楽しいとは、なんとも意外である。

そして、私は、六〇代、七〇代の脳がエレガントの極みであることも知っている。だから、これからの人生が、楽しみでならない。

九〇代の先輩からは「八〇歳くらいまでは、世の中がレースのカーテンの向こうにあった。今は、そのカーテンが開いた感じよ」と教えてもらっているので、九〇代もすごく楽しみだ。

若い頃のように機敏に動けない、新しいことを覚えられない、肌にはりがない……、そんなことにがっかりしていたら、人生後半は悲しい。

でもね、脳は、機敏に動けないから、想像力を広げるのだ。新しいことを覚えられないのは、内面が成熟した証拠。世界観が完成したので、新しい情報に邪魔されないだけ。今の世界観で、この世を味わい尽くせばいい。

たとえ病気をしたって、かまわない。体調が変われば、脳の神経信号のタイプが変わる。今までと、世の中が違う見え方をするはずだ。同じ風景が、二度美味しい。

人生は、脳が見せてくれる物語だ。すべては、その人の脳にしか映らない風景であり、ドラマなのである。だから、主人公はいつも自分。何らかの理由で立ちどまるのだとしたら、それは、「立ちどまる物語」の始まりである。恋をして、子どもを育て、仕事にまい進する「走っている物語」なんて、その序章にしか過ぎない。

私たちの脳は、人生を味わい尽くそうとしている。脳の持ち主があきらめてはいけないと、私は思う。

## 脳の円熟期は五〇代後半

私は、人工知能の研究者として、三七年近くヒトの脳を見つめ続けてきた。

私たち人工知能の研究者は、ヒトの脳を分析し、その能力をメカに搭載する。脳の研究が全体の六割を占め、メカへの搭載設計が残りの四割となる。私の場合は、そんな感じだった。

二〇代の頃、脳生理学の先生に、脳について学んだとき、その先生がふとこうおっしゃった。

「黒川さん、ヒトの脳のピークは何歳だと思う？」

曰《いわ》く、ヒトの脳のピークは二八歳まで。二八歳を過ぎると老化が始まり、三〇歳を過ぎれば、老化した細胞や神経線維が画像にも映るようになる。

なんてこと……。私は、絶句した。うまく行けば（へたすれば？）一〇〇歳を超えて生きる身体に、賞味期限二八年の脳が搭載されているとは、あまりにアンバランスじゃないだろうか。「そんなこと、自然界の神様がすることとも思えない」と、私は思わず声に出して言ってしまった。

私は、学生時代に物理学を専攻し、宇宙創成の謎を解く素粒子の研究をしていた。私の「自然界の神様のすること」（「宇宙の意思」と呼んでもいい）への実感は、まったく無駄がない、ということだった。あの完璧な宇宙創成をデザインした「宇宙の意思」が、こんなアンバランスな事態をゆるすのだろうか。私の中に、強い違和感が残ったのである。

後年、その違和感が正しかったことを知った。

私たち人工知能の研究者は、脳を装置として見立てる。どのような入力に対し、どのような演算を施し、どのような出力をしてくる装置か、というものの見方だ。脳を装置として見立てるのは、当然、私たちが、脳のような装置を作る立場だからで、脳を「神経線維の配線構造と信号特性」で見立てていく。

その立場で見ると、脳は、二八年ごとに様相を変える。生まれて最初の二八年は、著しい入力装置なのである。世の中のありようを知り、よりよく生きる方法を知るための二八年だ。その前半一四年は感性記憶力、後半一四年は単純記憶力のピークである。「新しいことをすばやく覚えられること」をもって「頭がいい」というのなら、確かに脳のピークは二八歳まで、ということになる。

しかしながら、この世にたった一つの装置として生まれてくる脳である。遺伝と経験で描かれる脳の地図は、過去にも未来にも二つと同じものはない。その脳が、「世の中のありよう」、いわゆる一般的な解を得るだけで使命を終えるのだろうか？　そんなわけはない。

脳の大団円は、出力性能が最大になるときだ。出力性能最大期は、第三ブロック、つまり五六歳から八四歳なのである。つまり、ここそが、脳のピークと呼ぶべきところなのだ。

本質を瞬時に見抜く、バタバタしないエレガントな脳。これが、出力性能最大期の脳の特徴だ。私はやっとその入り口にたどり着いた。本書では、エレガントな脳世代にむけて「人生のトリセツ」を書いていきたいと思う。老いが怖くなくなる一冊になればいいなと願いつつ。成熟脳だからこそ、今、腹に落ちること。どうぞ、ご一緒に。

# 「年上の女」は社会のキーパーソン

## 一二歳から一四歳までの脳の大きな変化

前項に書いたとおり、人間の脳の完成期は五六歳だ。ここから、二八年間の「人生で最も頭のいい時期」を過ごすことになる。心の持ちようとかそんな話じゃない、脳神経回路上の事実です（きっぱり）。頭のいい、成熟世代の「年上の女」たちは、社会を支える大事なキーパーソンなのである。

人生最初の二八年間は、著しい入力装置である。このうち一二歳までは、子ども脳型の感性記憶力の時代。あらゆる記憶に、五感が取り込んだ感性の情報が付帯していて、世の中を全身で感じて、脳にしまいこむ年代だ。

一二歳までは、詰めこみ型の勉強よりも、体験が大事。人に触れ、芸術に触れ、身体を動かし、読書をすることのほうが、ずっと脳神経回路を成長させる。昼間の経験を夜眠っている間に、知恵やセンスに変えて、脳神経回路に書き込んでいるので、眠りの質もとても重要だ。

つまり、一二歳までは、日が暮れるまで遊んで、宵は読書、夜は早寝が最高の英才教育。昭和四〇年以前に生まれた人たちには当たり前のことでしたね。

一二歳から一三歳の間に、脳は、子ども脳型からおとな脳型に変わる。感性情報が豊かに付帯する子ども脳型のデータは、収納効率が悪いし、引きだしてくるのに時間もかかり、とっさの判断が遅すぎる。そこで、何かを経験したら、その経験に「よく似た記憶」を瞬時に引きだし、その記憶との差だけを記憶する要領のいい脳に変わるのである。つまり、パソコンのＯＳが変わったようなものだ。なのに、子ども脳時代の記憶を新しい〝ＯＳ〟に合うように変換するのには、二、三年かかるのである。

このため、一三歳から一四歳の脳はよく誤作動をする。装置とデータの整合性が悪いからだ。今まで真面目だった子が、忘れ物をしたり怠惰になったり、口答えをするようになる。大事な親友に「死ねば？」とか言っちゃったり、「この世で一番愛する母親」を「くそばばぁ」なんて呼んじゃったりして……。「まあ、かわいそうに、あなたの脳ったら誤作動しちゃって」と抱きしめてやりたい気分（微笑）。だって、全部、脳の誤作動なのだもの。そうしてしまった本人が、一番傷ついていたりする。

## おばあちゃん、おばちゃんの大切な役目

この時期の子どもたちに接するときは、「彼らの気持ち」を真正面から尋ね

ないこと。この時期の脳は、「自分の気持ち」を引き出す演算に失敗する。だから、「学校はどう？」なんて尋ねられても、「別に」と答えるしかないのだ。「弁当は美味しい？」と尋ねても「普通」なんていうそっけない答えが返ってくるのは、なにも反抗しているわけじゃない。この時期の脳と対話しようとしたら、彼ら自身のことを聞くのではなく、「トランプ大統領、どう思う？」のような、外のテーマを持ち込むことだ。

とはいいながら、親はどうしても、正面から立ち向かってしまうので、中学生の脳の混乱を知っている祖母や叔母がついていたら、どんなに心強いかわからない。混乱する中学生の感情の吐露にあわてず穏やかに同情して、「トランプ大統領」について語り合えるような素敵なおばあちゃん、あるいはおばさん。若い人の傍にいてあげる、というのは、私たち「年上の女性」の使命じゃないだろうか。

そうそう、中学生は、とにかく眠い。眠っている間に、子ども脳型の記憶を、おとな脳型に変換するからだ。子ども時代の記憶が豊かな子ほど、いくらでも眠る。「だらだらして」と腹を立てるお母さんたちには、「子ども時代の記憶が、よっぽど豊かで幸せだったのね」と声をかけてあげてほしい。

ただし、夜、甘いものを食べたり飲んだりする人は、寝入りばなに血糖値が上がった反動で、朝方、低血糖になって、脳神経信号がうまく起こらない。血

糖は脳の電気信号のエネルギーなので、信号が行きわたらず、目覚めが悪いのである。湯上りにアイスクリームを食べたり、炭酸飲料を飲む習慣は止めさせて、それでも眠かったら、おおらかに寝させてあげればいい。

やがて、ちゃんとおとな脳が完成する。

# 一四歳、おとな脳の完成

## 「思春期」は脳が誤作動しやすい

人がおとなになるのは、いつ?

そんな観念的な質問に、脳科学は、しっかり答えられる。おとな脳が完成するのは、一四歳の後半だ。一五歳の誕生日には、すべての人の脳がその人なりにおとな脳に変わっている。

前回述べた通り、ヒトの脳は、一二歳から一三歳の間に、まずハードウェアが子ども脳型からおとな脳型に変わる。そして、一四歳半くらいまでかけて、ソフトウェアやデータをおとな脳型に変換していくのである。

思春期というのは、脳科学的には、ハードウェアとソフトウェアの整合性が悪くて、誤作動する期間なのである。その上、生殖ホルモンが過剰になるので、自己防衛本能と闘争心が過剰になる。つまり、「やたらと自意識過剰になり、暴力的になる」のは当たり前。〃中二病〃と言われる現象は、人類にあらかじめ仕込まれたプログラムなのである。

その嵐が収まった一四歳後半、おとな脳が完成する。その後の長い人生を生きる感受性が、ここで完成するのである。

だから、一四歳のときに心動かされたものに、人は生涯、惹《ひ》かれ続ける。言い換えれば、人は、一四歳の感性で生涯を全うする。女は、八〇歳になったって一〇〇歳になったって、一四歳の少女と変わらない。男も、死ぬまで少年である。

脳科学者になって気づいたのは、少女と老女の気持ちに何ら変わりがないということ（！）。そして、自分が六〇歳近くなって、そのことを実感している。

いや、逆に感受性はずっと豊かになっているかも。美しい朝焼けに涙をこぼし、美青年に親切にされれば（たとえ相手が介護モードでも）、心は震える。

私に「おかあさん」なんて声をかける、八百屋のお兄さん、あれは、ほんっと止めてほしい。三〇代の男子にそんなふうに言われたら、私は混乱して、立ちすくむ。たしかに、それくらいの息子がいてもおかしくない年齢だけど、他人に「おかあさん」扱いされることには、いくつになってもやっぱり慣れはしない。世の中のすべての男性が、すべての大人の女性を一四歳の少女だと思って接してくれたら、どんなに居心地がいいかしら、と思わずにはいられない。

## 一五歳から二八歳まではがむしゃらに生きよ！

さて、おとな脳が完成した一五歳から二八歳が、単純記憶力のピークである。

つまり、勉強したり修業したりして、脳にあらゆることを詰め込む好機なのだ。恋だって、スポーツだって、芸術だって、何にせよ、そこから得ることが多い時だ。

この一四年間は、とにかくがむしゃらに生きることが大事。脳が何でも知恵に変える時なんだから、くよくよしたり、ぐずぐずしたりする時間がもったいない。「したいこと」や「するべきこと」が見つからなかったら、とにかく動けばいい。

二八歳までの脳は、ひたすら入力装置。多くの回路が、知を取り込むために使われているので、出力性能はまだ低い。二八歳までに活躍する若者の多くは、わかりやすい「ヒーローモデル」を踏襲して活躍する。彼にしか見えないもの、彼にしか言えないことばなどは、まだとても少ない。脳の個性は、二九歳から五六歳までの人生で作り上げていくもの。二八歳までの脳は、まだ自分が何者か知っちゃいないのだ。

なので、二八歳までの若者に人生相談されたら、「今はただ、目の前にある

ものを好奇心でつかめばいい。好奇心が湧かなかったら、四の五の言わずに、目の前にある仕事にがむしゃらになればいい。人生は二九歳から見えてくる。それまでは、脳がどれだけがむしゃらになれるかが大切で、何にがむしゃらになるかは、脳科学上は実はそう関係ない」と言ってあげる。

二〇代で子育てに夢中になった脳なら、三〇代で経営者になることも可能だ。マーケティングをやりたかったのに営業に回された、なんてことだって、あわてることはない。まずはそこで頑張ってみればいいのだ。

ただ、脳へのがむしゃら効果を最大にするために、真夜中〇時には視神経を緊張から解放してほしい。スマホやゲームは厳禁！　眠って過ごすのが理想だ。起きている間にいくら頑張っても、その経験を知恵やセンスに変えるのは眠っている間だからね。真夜中〇時から午前二時の視神経の緊張は、眠りの質を下げてしまう。

一四歳の混乱、二〇代の先が見えない焦り……、ネガティブに見えた何もかもが、脳が成長するプロセスだとわかれば、人は本当に強くなれる。

そして、二九歳から五六歳までは、脳の神経回路の優先順位を決める二八年間だ。人生にとって大事な回路を決めていく二八年間。その果てに、脳はやっと完成する。

# 失敗を恐れない人生は、極上の人生である

## 脳にとって「失敗」は最高のエクササイズ

脳にとって、一番大事なことは何?

私はそう聞かれたら、一点の迷いもなく「失敗」と答える。なぜなら、失敗は、脳にとって最高のエクササイズなのである。失敗は、脳にセンスを創り出す。それが胸に痛いほど、そして取り返しがつかないほど、脳に描かれる感性の地図は豊かになり、その脳の持ち主は「かけがえのないひと」になっていく。

失敗は、恐れる必要がない。自分自身のそれも、幼子や若い人のそれも。

私たちの脳は、眠っている間に進化している。

脳の中に、海馬《かいば》と呼ばれる場所がある。海馬は、記憶と認識を司る器官だ。たとえば、人の話を聞いたり、文章を読んだりするとき、顕在意識にことばの意味を引きだし、文脈を理解するルールを持ってくるのは海馬の役目。記憶をたどったり、思考を進めたりするのも海馬の仕事である。

海馬は、脳の持ち主が起きている間はとても忙しい。一人でぼんやりしているときでも、夕飯のメニューを考えていたり、人の言ったことが気になったり、ふと何かに気づいたりしているでしょう？　私たちの脳は、のべつまくなし、海馬を使って情報を持ち出しているのである。座禅で「無我の境地になれ」と言われてもなかなか難しいことを思い起こせば、わかっていただけると思う。

このため、海馬は、脳の持ち主が眠りについたとき、やっと新しい知識を構築する時間が持てるのである。

海馬は、昼間の出来事を何度も再生して確かめ、それを脳神経回路に反映させる。失敗して痛い思いをすると、眠っている間に、失敗に使われた関連回路の閾値《しきいち》（生体反応が起こるための最低値）が上がり、以後、電気信号が行きにくくなる。成功して嬉しい思いをすると、逆のことが起こる。

つまり、私たちの脳は、日々泣いたり笑ったりしながら、失敗しにくく成功しやすい脳になっていくのである。

特に失敗は、感性を研ぎ澄ますために、とても重要な役割を果たしている。

私たちの脳の中には、天文学的な数の神経回路が入っている。その脳神経回路に電気信号を流すことで、脳はあらゆるイベントを行っているのである。察する、感じる、思う、考えるなどの意識活動も、無意識活動もすべて。

大切なのは、とっさに電気信号を流す回路を間違わないこと。これが、「センスがいい」「頭がいい」と言われるための条件である。そのためには、要らない回路をしっかり決めておかなければならない。

その要らない回路を知るために、私たちは失敗をするのである。

失敗を十分に重ねれば、とっさの判断を誤らず、瞬時に本質をつかめる脳になる。同時に、要らない回路に十分に電気信号が行きにくくなれば、当然、もの忘れが始まる。もの忘れは老化ではなく、進化なのだ。

頭に浮かんだ女優の名前が出てこないことなんて、落ち込む必要はない。その人の名前なんて、あなたの人生の本質ではないのである。ものを取りに行って、何を取りに行ったか忘れるのもご愛嬌。他のもっと大事なことが、脳に浮かんだのである。すぐには表出しなくても、きっと後で役に立つことが。

## 年上の人は「失敗」に鷹揚でいよう！

さて、せっかく失敗したのに、脳がよくならないことがある。
それは、失敗を他人のせいにしたとき。
失敗を他人のせいにする人は、脳が失敗したと認知しないから、その晩、脳

が書き換わらないのである。せっかく痛い思いをしたのに、なんと勿体ないこと。

たとえ一〇〇％相手が悪くても、「私も〇〇してあげればよかった」と悔やんでほしい。そうすれば、他人の失敗も自分の実になる。しかも、このセリフを言う人は愛される。だって、失敗したとき、家族に「私も確認してあげればよかったね」なんて言われたら、嬉しいでしょう？ このセリフは伝染するので、ぜひ、家族や友人に使ってみてください。やがて自分に返ってくるから。

過去の失敗にくよくよしないのも大事なことだ。せっかく失敗の回路に電気信号を行きにくくしたのに、「思い返して、口にする」なんてことを繰り返したら、その回路を上書きしてしまうことになる。リスクヘッジのために、ときにふと思い起こすことはOKだけど、口に出してくよくよ言ってはいけない。

ましてや、子どもや孫に、彼らの過去の失敗を言い募ってはダメ。若い人の脳をつぶしてしまう。その上、まだ起こってもいない未来の失敗をぐずぐず言われたら、さらにたいへん。脳に未来はない。

年上の家族の役割は、失敗に鷹揚であることだと私は思う。「失敗は、脳の想定内。明日、あなたの脳はよくなってるのよ。よかったね」なんて言ってくれる人がいたら、若者はどんなに頑張れるだろう。

失敗は潔く認めて、清々《すがすが》しく寝ること。後は、脳がちゃんと活かしてくれるから大丈夫。過去の失敗にくよくよしない。未来の失敗をぐずぐず言わない。そう決めれば、失敗も楽しくなる。お試しください。

# 子どもの前では陰口に注意！

## 子どもをエナジーバンパイアにさせないために

エナジーバンパイアということばが、ひそかに使われ始めている。エナジー（エネルギー）を吸い取り、人の運気を下げる人。人の気持ちを萎《な》えさせる天才たちのことである。

前にも述べたがヒトの脳は、一二歳から一三歳の間に、子ども脳からおとな脳に変わる。

おとな脳の特徴は、要領がいいこと。何かを体験したとき、過去の記憶の中から類似記憶を引きだしてきて、その差分だけを記憶するような形式だ。これだと収納効率が圧倒的によく、関連記憶を引きだすのに長けている。

過去の類似事象に照らして、今の事象に意味づけをするおとな脳の記憶は、多かれ少なかれ「思い込みのねつ造」になる。人によって、認知の際に引きだしてくる類似事象が違うので、記憶の形式が違えば、想起の仕方も違う。したがって、同じ記憶が夫婦で食い違うのは、当たり前のこと。

おとな脳には、認知に使う類似事象に、強い傾向が出る脳もある。たとえば、猜疑《さいぎ》心が強くて、他人の好意を悪意に変えてしまう脳の持ち主がいる。誰かがあなたのことを「純真なひと」と言ったのに、「あのひと、あなたのことを無神経で子どもっぽいって言ってたわよ」と言い換えてしまうような。

わざとやっているのなら、まだ罪が軽い。しかし、脳にネガティブ射影傾向がある人には、もともとそう〝聴こえる〟ので、厄介なのだ。何の躊躇《ちゅうちょ》も迷いもなく、それどころか親切心でそのことばを口にして、周囲の人々の気持ちを

萎えさせていく。これがエナジーバンパイアだ。
エナジーバンパイアは、「認知に使う類似事象」が常にさもしく尖っている脳の持ち主で、子ども脳時代の感性記憶に起因する。
子どもをエナジーバンパイアにしないために、親は、子どもの前で、陰口をきかないことだ。人の前ではいい顔をしながら、陰で悪口を言うような行為を子どもの前で重ねると、子の脳に猜疑心を植え付けることになる。

「人は、笑顔の陰で、悪意のあることを考えている」という認知ベースを作ってしまう。

人を萎えさせるような口をきく子に罪はない。親がプログラムした通りに脳が動いていているだけのこと。しかし、罪はなくても、運が下がる一方の人生を生きることになってしまう。

## 悪意も愛に換えて、子どもを守る

自分が陰口をきかないだけではなく、子どもが、他人の悪意のあることばにさらされたときも、愛のことばに言い換えて、子どもを守ろう。

たとえば、学校の先生が悪意のあることばを子どもに与えても、安易に先生の悪口を言わず、「先生は、あなたに期待してるのね。しっかりしてるから、ついおとな相手のような気持ちになっちゃうんだわ。できる男は、つらいわね」というふうに、ポジティブな解釈に変えたりして。

「この世に悪意がある」なんてことは、おとな脳になってから気づけばいい。とっさに使う感性の領域を養う子ども脳時代には、無邪気でいられたほうが絶対に得だと私は思う。

悲しいことに、五六歳を過ぎてしまうと、こういう認知の癖は直せない。もしも周囲に成熟世代のエナジーバンパイア脳の持ち主がいるとしたら、できるかぎり距離を置くことだ。

親だったりして離れられない関係なら、そっと心の距離を置くといい。「彼女（彼）の脳に映る心象風景」を一切気にしないことだ。ものごとをさもしく映す鏡なのだと思って、心の中で無視する。

さもしい脳の持ち主は、距離を置かれたってしかたがない。周りの脳を腐らせるのだもの。おとなになったら、友達を選んでもいいのである。親との距離感も、自分で決めていい。親に巻き込まれずに、親を大切にする方法を考えてみてほしい。

言いなりにならなくても、陰口につきあわなくても、感謝やねぎらいを先にあげることで、親を案外満足させることもできるはずだ。

# あなたを選んで、生まれてきた

## 二歳の息子の胎内記憶

私の息子が二歳になる少し前のこと。

私のセーターに、裾から潜り込んで遊んでいた彼がふと、「ゆうちゃん、ここにいたね」とつぶやいた。

母親のおなかの中にいたこと。きっと誰かが教えたのに違いない。私は気にも留めずに新聞を読んでいた。しかし、彼の次のことばが、私の手を止めさせたのだった。「ママは、あかちゃん、がんばって、ってゆった」

生まれてすぐに名の付いた息子を「あかちゃん」と呼んだのは、妊娠中だけだ。しかも「がんばって」と声をかけたのは、臨月に入ってからも働いていた、非常に短い期間だけ。息子は胎内記憶を口にしている、そう気づいたのである。

胎内記憶、すなわち、母体の中にいるときの記憶は、二歳過ぎくらいまでは脳内に留まっている可能性が高い。このため、発話の早い幼児が、ときに口にすることがある。そのことを研究者としては知っていたのだが、息子のそれはふいに訪れたので、私は少しあわてた。

騒いではいけない、と自分に言い聞かせる。胎内記憶は、一度引きだすのに失敗してしまうと、二度と引きだせないかもしれない、非常にデリケートな場所にあるからだ。

私は、彼に、前から知りたかったことを聞いてみることにした。「ゆうちゃんは、ママのおなかのなかにいたんだよね？　…で、その前、どこにいたの？」

息子の答えは、とても素敵だった。「忘れちゃったの？　ゆうちゃんは、木の上に咲いてて～、ママと目が合ったから、ここにきたじゃない」

私は、溢れる涙を止めることができなかった。

幼児が語る胎内記憶には、二つの共通特性があると言われている。上（空の上、屋根の上など）にいたと言い、「母親を見つけた」と言うこと。それこそが、母親の胎内で最初に意識が灯ったときの、脳の実感なのである。

母親の胎内で、受精卵が細胞分裂を続け、神経管のチューブが作られるのが妊娠六週目と言われる。これが脳と脊髄に進化して、いつしか「意識」が生まれる。そんな個人差のほとんどない時期に、脳が深く実感すること。それは、万人の脳に起こっているとみるほうが科学的に自然だ。胎内記憶を語る子も語らない子も、すべての子に。

つまりね、子は、母を、ちゃんと選んで生まれてくるのである。

「頼んで産んでもらったわけじゃない」、思春期に、母にそんなひどいことを言った気がするが、とんでもない、「自分から望んでここに来た」のである。

今さらだけど。お母さん、ごめんなさい。

# 人は、いつことばと出会うのか？

人は、人生でいつ、ことばに出会うのだろうか。

息子の胎内記憶語りを実際に体験した者としては、「胎児期に聞いた周囲の音声は、しばらく脳に残り、ことばを認識できるようになってから、その記憶を再生することがある」ことは、明確にわかっている。

しかし、脳とことばの研究を進めるうちに、もっとずっと前、耳（聴覚機能）ができるさらに以前に、子どもがことばに出会うことがわかった。

それは、母親の筋肉の動きと、音声の腹腔共鳴である。たとえば、母親に何か嬉しいことがあって「ありがとう」と言ったとしよう。おなかの中では、「ありがとう」を発音するために横隔膜が上下し、腹筋が動き、音の振動が伝わる。

母音と濁音で構成された「ありがとう」の音は、深く親密な振動を赤ちゃんに伝える。同時に、嬉しい時に出るホルモンなどの影響で、胎内が心地よくなるはずである。

まだ、音が聞こえるずっと前から、赤ちゃんの脳は、ことばの振動と胎内環境の関係を知り、感性の深い部分に書き込んでいくのである。

かつて、母親の「ありがとう」の真ん中にいた。「ありがとう」と言う人の体内に起こる心地よさを、私たちは知っているのだ。だから、よちよち歩きの赤ちゃんでも、「ありがとう」と声をかけると、花が咲いたように笑うのである。そのことばの意味を、記号ではなく、実感で知っているから。

母は、この世の始まりのすべてを、子に与える。身体も、感性の礎《いしずえ》も。母親とは、すごいものである。

逆に言えば、人生のすべてをゆだねる人を選んで、宇宙の果てから子はやってくるのである。そこまでの信頼を、どうして裏切ることができるだろう。授乳中にスマホなんか見ている若いお母さんたち、どうか、子どもに意識を集中してあげてね。

# 最高の伴侶とは?

## 男性脳と女性脳は「別もの」である

男女の脳は、機構が違う。まったく違う装置なのである。

たとえば、ものを見る時。男性は、空間全体をまばらに見て、距離感をつかむことを優先する。ものの位置関係や距離感を測り、自分をとり囲む空間の全容を知るためだ。

男性脳は、狩りをし、なわばりを守る脳として進化してきた。遠くから飛んでくるものに瞬時に照準が合い、その軌跡を察して、すばやく身の処し方を決めなければならない。なので、身の回りのことは〝お留守〟にしておいて、遠くをちらちら見たり、全体をぼんやり眺める癖がある。うちのお嫁ちゃんが、息子に「私のことをちゃんと見て」と甘えているのをよく見るけれど（微笑）、私にも身に覚えがある。恋人が、他のことに気を取られているように感じて、寂しくなってしまう、あの感覚。

一方で、女性脳は、自分の身の回りの空間をなめるように見る。このおかげで、目の前の比較的動きが緩慢なものへの観察力が半端なく高い。針の先ほどの変化も見逃さず、赤ちゃんの顔色の変化を見抜き、肉の腐り具合や、果物の熟し具合を察知して、家族を守り抜く。女性脳が、哺乳類のメスとして進化してきた証である。

遠くをまばらに見る男性脳は、目の前にあるものを「ない、ない」と騒ぎ、家事育児に対する観察力が足りないために「当然、わかるだろう」と思うことがわからない。「お鍋ができるわよ」と声をかければ、当然「テーブルを片付けて、鍋敷きを出してくれるもの」だと思っていたら、何もせずに箸を握って座っている、とかね。

## 「違う」からこそ互いを守り合える

こうして、ものを見る仕組みが違うから、男女はすれ違い、喧嘩もする。けれど、こういう「違う組み合わせ」だからこそ、私たちは互いを守り合えるのである。

もしも私に、政府から「スパイロボットを作ってください」という依頼が来たら、私はこの二つのビューセンサー（ものの見方）を作るしかない。向こうから飛んでくるミサイルに瞬時に照準が合う男性脳型のそれと、目の前の地雷を見逃さない女性脳型のそれ。

しかし、この二つのビューセンサーを、一つのロボットに併載させることはできない。なぜなら、同時に違う答えが出たとき、どちらを採択するかに迷い、ロボットがフリーズ（不測の停止）してしまうからだ。競合干渉と呼ばれる事態である。

それを避けるために、私は二体のロボットを作り、片方に女性脳型の、もう片方に男性脳型のビューセンサーを搭載する。その二体が、手に手を取って敵アジトに潜入すれば、二体の生存可能性は劇的に上がる。

## ぶつかり合うことに夫婦の真理がある

しかし、それだけじゃ、完成とはいえない。私は、二体のロボットに、最後に大事な仕上げを施さなければならない。それは互いに「自分が正しく、相手

が愚かだと思う」というプログラミングだ。この感覚を持つ二体の競合干渉は、最もリスクが低い。「私は左」「おれは右」と言い争って、そのときわずかに命がけの度合いが強いほうが勝つ。それが最も手っ取り早く、結果正しい可能性が高いからだ。

二体が譲り合うロボットで、「あなたの言う通りでいいわ」「いやぁ、君の言う通りさ」なんてやっていたら、彼らは粉砕されてしまう。

この設計を思いついたとき、

私は、愕然としてしまった。これこそが、男女の真実なのではないかと気づいたから。

自然界の神様は、まさに、この仕組みを、私たち男女に施したのに違いない。人生に必要な感性を真っ二つに分けて、男女それぞれの脳に搭載し、その男女が「互いに、自分が正しくて、相手が愚かだと思い合う」ことで、競合干渉のリスクを最小限にするシステム。それこそが、私たちの生存可能性を最大にする仕組みであり、他の方法は考えられない。

というわけで、残念なことに、男と女は、「わかり合い、寄り添い合う」ためにこの世にあるわけじゃない。ことあるごとにイラっとし、ときにぶつかり合うことが真理であり、正解なのである。もしも、あなたのご家庭がそうだとしたら、おめでとうございます、最高の伴侶を手に入れられましたね。

## マウンティングの罠

### 近頃、女性にテストステロンが多く分泌している？

女性たちの間で、マウンティングということばが流行って久しい。

マウンティングとは、優劣を決め合う行為のことだ。縄張りを持つ哺乳類や鳥類、爬虫類のオスたちは、出合頭に、「ここがどちらの縄張りか」を決めるためにこれをする。たとえば、羽を広げ合い、その大きさと美しさで負けたほうが、すごすごと引き下がる。くちばしでつつき合う前に、見た目でもって免疫力の高さや筋肉の強靭さを知る。そこで引き下がれば、ケガをしないですむのだから、とても合理的な解決法だ。

人類の場合、縄張り意識と闘争心を作りだすテストステロンというホルモンが、優劣を競い合う気持ちを掻き立てる。テストステロンは、男性の生殖行為をアシストするホルモンで、脳には闘争心や冒険心を作りだし、男らしさの源となっている。しかし、少量だが、女性にも分泌しており、女性の生殖ホルモンの分泌の手助けをしているのである。

ところが、このテストステロンが、最近の女性には多めに分泌する傾向があるのだという。昔に比べ、出産回数が減り、出産年齢が上がっているためだとする説もあるようだが、まだよくわかってはいないらしい。逆に、哺乳類のオスは、育児を担当するとテストステロンの分泌量が減る傾向が認められている。キャリアウーマンとイクメンの夫婦では、妻のほうがテストステロンが多く出ているケースもあるのだそうだ。

戦後強くなったのは、女性とストッキングである。そんなことは、もう何十年も言われ続けているが、ここのところの女性の強さは、正真正銘、筋金入りらしい。だからなのかもしれない、女たちの間でマウンティングということばがささやかれるのも。

けれど、私は、それはそれでいいじゃない、と思う。だって、戦う女性たちはかっこいい。特に十分に大人の女たちのそれは。たとえば、ドイツのメルケル首相、イギリスのメイ前首相、フランスのマクロン大統領夫人、キャロライン・ケネディ元駐日大使を思ってみればいい。ちょっとやそっとのことではビビらない風格、溢れる好奇心と萎えない意欲を感じさせる瞳。不思議なのは、太っていても痩せていても、それが彼女の適正サイズにみえてしまうところだ。太っていても滑稽じゃない、痩せていても貧相じゃない。皺《しわ》もまた魅力的だ。

欧米の女性たちは、仕立てのいいスーツをさっそうと着こなして、背筋を伸ばして歩き、美しい発音と教養ある発言で、リーダーに相応しいことをアピールしている。なにせ、演劇の専門家を子どもたちの所作指導のために雇うお国柄だ。出世するのに最も大切なのは、立ち居振る舞いと発言なのである。

# 日本人女性よ、もっと戦略的になろう

一方で、日本の女性たちは、ちょっとずれたところでマウンティングし合う。まつ毛は長いほうがいい。瞳は大きいほうがいい。ウエストは細いほうがいい。顔は小さいほうがいい。子どもの英才教育は早いほうがいい。

この国の女性たちにかかったら、メルケル首相もケネディ女史も、いろいろ言われちゃうんじゃないかな。「もっと痩せなきゃ」「そのほうれい線、早く何とかしたほうがいいわよ」なんてね。

でも、そのことに、何の意味があるのだろうか。

つい最近まで、私の会社の四〇代の女性スタッフが、まつ毛エクステ（植毛）とカラコン（瞳の輪郭がプリントされたコンタクトレンズ）で、お人形さんの

ような目元をしていた。女子会で「素敵〜」と言われるそのスタイルを、彼女はよかれと思って続けていたのだ。
しかし、それをやめてから、明らかにビジネスの現場で信頼され、尊重されるようになった。やっとプロとして認められるようになったのである。男性たちにも評判がいい。
出世の妨げになり、男子にもかえってモテないのだとしたら、女子会マウンティングに勝つことに、何の意味があるんだろう？

日本女性も、もっと、戦略的になったほうがいい。マイナス一〇歳の美魔女なんて目指さずに、大人の風格をエレガントに見せつけるほうが、ずっと得することが多いのに。「もっと痩せなきゃダメよ〜」なんていうマウンティングに負けないで。

# 自分の美しさを知る

## 完璧な美は魅力的ではない？

古代から中世にかけて、多くの芸術家たちが「究極の美の化身」であるヴィーナス（アフロディーテ）を彫り、描いている。

日本で最も有名なミロのヴィーナスは、一八二〇年にエーゲ海のミロス島で発見され、ルイ一八世に献上されたのち、ルーブル美術館に寄贈されて現在に至っている。この間、ルーブル美術館から持ち出されたのは、ただ一度だけ、一九六四年に日本に渡った時のみなのだそうだ。

私は、その報道を覚えているような気がする。ただ、幼な心には、この像の美しさはまったくわからなかった。うっすらと筋肉を感じさせる均整の取れたからだつきで、女性としては素っ気ないように見えたから。

しかし、あの像を、丹精込めて彫り上げた芸術家がいて、また、それに惹かれる鑑賞者たちがいつの世も引きもきらない。

ずいぶん前のことだが、感性工学の試みで、多くの美女の画像を分析して美人の法則（顔のパーツの黄金比率など）を割り出し、その通りの画像が作られたことがある。たしかに目の覚めるような美女ができ上がったのだが、不思議なことに、その画像から目を離すと、「その顔」が思い出せないのだ。会場にいた多くの人にその現象は起こった。

しかし、口を大きくしたり、目と目の間を広げたり、えらを大きくしたりすると、顔に個性が出てきてチャーミングになり、忘れられない顔になる。

その試みからいえば、「究極の美」のかたちというのはあるにはあるのだが、そこに近づけすぎると魅力がない、ときめかないということになる。芸術の領域でさえそうなのに、生身の女性が、完璧を目指して、誰かが持っている美しさを羨ましく思うのは、ナンセンスなのではないかしら。

## 四つのタイプの骨の動かし方

人間には、四肢（手足）コントロールの方法が四種類ある。

ものを持つ、手を差し伸べる、歩きだす、ジャンプする、ターンする、ものを投げる。そのような動作の際に、人は、手のひらを反らしたり、足を踏みだしたりする。そのとき、手のひらや足の中心軸（中指）に対して、薬指を小指側（外側）に旋回させるようにして動きを作りだすタイプと、薬指を中指側（内側）に旋回させるタイプ、人差し指を親指側（外側）に旋回させて動きだすタイプ、人差し指を中指側（内側）に旋回させるタイプの四種類があるのである。

誰もが四種類のうちのどれかのコントローラを小脳に内在させており、生まれつき決まっていて、一生変わらない。

ドアノブに手を伸ばすときのしぐさを思い出してみてほしい。私は薬指外旋型なので、手のひらをほぼ真上に向けてドアノブにアプローチする。親指はドアノブの上に乗り、手のひらは、ドアノブの下半分を包み込むようになる。

息子は、人差し指外旋型なので、ドアノブに対して、人差し指を突っ込むかのようにしてアプローチする。手のひらは、ドアノブの上部に触れることになる。

しぐさが違うので、当然、骨のかたちや筋肉の付き方が変わってくる。

ここでは、四タイプの詳細は書かないが、つかんでほしいのは、この世のボディには四タイプの骨の動かし方があって、それぞれに美しいラインのありようが違うということ。

たとえば、薬指内旋タイプはシャープな動きがカッコイイ。肩が尖っていて、

上腕筋が目立つので、女性ならばアメリカンスリーブがとても似合う。薬指外旋型は、なで肩のマドンナタイプ。体をくねらせるように動くので、女らしさナンバーワンボディだ。

そんな薬指外旋型の女性が、薬指内旋型のシャープな肩に憧れても意味がない。痩せようが、ジムに通おうが、そういうふうにはならないんだから。

あるいは足。

薬指外旋型の私は、脛《すね》がSラインを描く。脛が曲がっているのではなく、薬指につながる腓骨《ひこつ》という骨を外旋させるので、そう見えるのだ。一方、人差し指内旋型のうちのお嫁ちゃんは、脛がまっすぐである。爪先がしゅっとまとまるので、足も小さい。

彼女が似合う靴は、私は全く似合わない。彼女用の靴を履くと、笑っちゃうくらいみっともない。そんな私が、自分に似合わない靴を無理して履いて、まっすぐな脛と、小さい足に憧れても意味がない。

シャープな肩やまっすぐな脛と、ふわりと揺れるような女っぽいしぐさは、どっちも手に入れることはできない。

逆に言えば、女は必ず、どちらかを持っている。ないものねだりはやめて、自分の美しさを認めよう。

# 「思い」は届く

## 初めての息子カノジョ

書棚を一つ捨てることになって中身を片付けていたら、息子が四歳のときのカレンダーが見つかった。思わず笑顔になって、しばらく見入ってしまった。画用紙みたいな優しい素材のカレンダーに、私は、お気に入りの万年筆で、息子の育児日記を書き込んでいたのである。

そこには、息子と私の、おとぎ話みたいな優しい会話が記されていた。

ゆう「ママ、愛って何？」
ママ「その人に、幸せになってほしいな、と思う気持ち」
ゆう「心がほわってなる？」
ママ「そうよ」
ゆう「うふふ〜、ママ、愛してるよ〜」

「このパンツ、おろしたてよ」と言いながら、新品のパンツをはかせたら、
「え、あげたて、でしょ？　おろしたてなら、脱がなくちゃ」

ゆう「ママが死ぬまで、ゆうちゃん、死なないよ。でも、ママが死んだら、すぐにゆうちゃんも死ぬからね。まっててね」
ママ「ダメだよ、そんなの。あなたを産んだ甲斐がないじゃん。絶対にダメ」
ゆう「ママ（さとすように）、ママとゆうちゃんはいのちがつながっているんだよ。ママが死んだら、生きていかれないよ」

息子の表情を描いたイラストつきの育児日記は、ひととき私を笑わせて、ほろりと涙をこぼさせた。

その「ママが死んだら生きていかれないよ」と真剣に訴えた息子も、二六歳の夏、週末に、初めて恋人を我が家に連れてきた。そもそも、書棚を片付けることになったのも、彼女が来るからだったのだ。そんなときに、私たちの〝熱愛〟を思い出すなんて、なんてことかしら……運命の皮肉？

けれど、それも危惧で終わった。彼女を一目見たとたんに、私は、愛しさが溢れて、思わず抱きしめてしまったのだ。「よく来てくれたね。ずっと待ってた」とささやきながら。

ずっと、待ってた。

思わず口を突いて出た自分のセリフに、私自身びっくりしてしまった。息子と彼女が付き合い始めたのが一か月前、我が家に来ると言いだして三日目の出会いである。「待っている」暇もなかったのに。

でも、ほどなく、自分の気持ちがわかった。

彼女が息子にぞっこんなのである。一目見ただけでわかったほどに。私と同じように息子を見つめ、私と同じように息子の美点に感動してくれている。そんな他人、もちろん、初めて見た。私は、息子を愛する同志を一人、見つけたのだ。そんな女子の登場を、私はきっと二六年待っていたのだと思う。

私は、ここまでに息子を堪能しきったから、もう、あなたにあげるね、うんと楽しんで……そんな気持ちでいっぱいになる。

息子は意に介さず、いつもと同じように、私に話しかけ、台所を手伝ってくれる。母への愛は、命がけではなくなったようだが、穏やかにまだ続く。

息子は、この三か月前に、ネパールに一人旅に出掛けた。

修士論文の最終提出を終えたその日に「明日からネパールへ行ってくる」と言いだして、インターネットでさっさとチケットを買って、翌朝早くに家を出た。ヒマラヤを観に行くのだという。ヒマラヤは高すぎて、それを観るためにも山に登らなくてはならない。その山登りをバイクでするので、ヘルメットとスポーツバッグ一個だけを持って、軽々と、飄々《ひょうひょう》と。

こんなとき、母にできることは、パスポートを更新して（何かあったら引き取りに行かなきゃならないかもしれないから）、後は、思うことだけだ。

## 「思い」は遠隔地まで届く

この、思う、ということ。脳科学的には、案外、意味がある。ヒトの脳は、遠く離れた脳とも連携する可能性があるのだ。

二〇〇四年ごろ、東大の研究グループが興味深い知見を発表した。以心伝心が起こるとき、遠隔地の二つの脳が四〇ヘルツの整数倍の周波数で連動していることが認められた、というのだ。この知見は、確認の難しい案件なので学会で認められることにはならなかったようだが、これが新聞発表された当時、私が通っていた東京医科歯科大学の角田忠信先生の研究室では、興奮と共に受け止められた。

それに三〇年ほど先んじて、角田先生のもとでは、ヒトの脳が四〇ヘルツの整数倍の周波数の情報に、特別な反応をすることがわかっていた。なぜ、四〇ヘルツの整数倍の情報にすべての脳が反応するのか、長らく解けない謎だったのだが、遠隔地の脳と連携するためのアンテナ機能だったのである。これらの研究が証明されるのは、ずっと先の未来になるだろう。しかし、私たちには直感的な確信があった。思いは、遠隔地まで届く。その可能性は高い。

だから私は、「静謐な平常心」を息子に届けようと思い、彼が高地にいる間、ときおり瞑想をして、瞑想の終わりに彼を思った。あれこれ心配するわけじゃない。不安感を届けても、何らアシストにならないからだ。それどころか、「崖から落ちるイメージ」が届けば、それが、彼を崖から落とすかもしれない。必要なのは、静かな集中と広い展望。それを私の脳に起こしておけば、彼を守ってあげられる。

考えてみれば、これが、多くの宗教が持つ「祈り」の正体なのではないだろうか。祈りには、科学的な力があるのだ。

私の祈りに、今度は、息子の恋人の祈りが加わる。息子は、幸せ者である（その恋人が、今やわが家のお嫁ちゃんになった）。

# この世にダメな脳なんてない

## 「心配性で、ぐずぐず」はダメですか？

「うちの子は、引っ込み思案で、心配性。なにかとぐずぐずするんです。どうしたら、積極性を養えますか？」という質問を受けることがある。

「ビビりで、ぐずぐず……それってダメですか？」と私は質問する。悩める親たちは当然「そりゃ、ダメでしょう」と答える。私はさらに質問で返す……「なぜ？」

昔、双子の男の子のお母さんから、「あの子は積極的で何にでも挑戦する。どこでも元気に飛びだしていく。なのに、この子のほうは、何にでも尻込みするの。大丈夫かしら」と聞かれたことがある。私は「集中力が高いのね。本が好きでしょう」と尋ねたら、「なんで、わかるの？」

そのお母さんと一〇年後に再会したら、「あの子、理系の成績がうんといいのよ。あのとき、大丈夫と言われて、おおらかに見守ることにしてよかった」と感謝された。

脳の中には、同時同質には使えない機能がある。たとえば、「遠くで動いているものに瞬時に照準が合い、全体をいち早く把握する」脳は、「目の前の大切なものから一瞬も意識をそらさず、わずかな変化も見逃さない」ようには使えない。このため、脳は、自らの生存可能性を上げ、生殖を完遂するために有利と思えるほうに、あらかじめチューニングされている。

「目の前を万遍なく見る」脳に、「地図が読めない」と嘆いても意味がない。「全体を瞬時に把握する」脳に、「目の前のものが探せない」と責めるのもナンセンス。「心配性でぐずぐずする」脳も、実は同じことだ。

集中力と観察力が高い脳は、成長の途上で「ビビりで、ぐずぐずする」ように見えることがある。しかし、それを何とかしようとしても意味がない。

脳の神経信号を制御するホルモンがある。神経信号を促進して、脳全体にいきわたらせ、意欲を下支えするセロトニン、特定の方向に強い信号を起こし、好奇心を作りだすドーパミン……そう、やる気も好奇心も、ホルモンが作りだしているのである。

しかし、神経信号を促進するホルモンだけでは、注意力散漫で多動になってしまう。「これ、どうなってるの?」という好奇心が続かず、「それは?」「あれは?」と意識が移っていってしまうからだ。そこで登場するのが、信号を抑制するノルアドレナリンだ。一つの方向に意識をロックオンし始めたら、二つ目、三つ目の好奇心の信号を抑制する。集中力を作りだすのである。

ノルアドレナリンは、抑制ホルモンなので、単独で出ると「戸惑い、迷い、ビビる」気持ちを作りだす。成長過程では、「ぐずぐずする子」に見えてしま

うこともある。しかし、決して悪いわけじゃない。ビビっている間に、脳は、細かい情報収集をする。観察力と危険回避能力が高い脳と言い換えることもできるのである。

もちろん、積極性があり判断が早い脳は、人類に必要不可欠である。ビビらず懲りない脳は、人類の発展に欠かせない。一方で、危険回避や発明には、観察力は欠かせない。懲りない脳とビビる脳、この二つがあって、この世は動きだす。

## 若い女性が「危険に伴う感情」を長くもつ理由

子どもだけじゃない。若い女性の脳は、「怖い」「ひどい」「つらい」など危険に伴って起こる感情が、男性より強く働き、はるかに長引くようにチューニングされている。

若い女性脳は、来る子育てに備えて、危険回避能力を上げなければいけない。このため、危険な目に遭うと、自らをその場所に追い込んでいったプロセスを無意識のうちに脳の中で反芻し、なんらかの回避方法を見出して、とっさに使える「直感の領域」に書き込んでいるのである。この時間を稼ぐために、脳は、あえて動揺を長引かせているのである。この能力をもって女性は、厳密には、今後の人生で、二度と同じ危険な目には遭わない。若き日にこの能力を蓄えて、やがて動揺しにくくなった大人の女性は最強である。

年齢を重ねた脳は、若い人にできないことができる。人にない能力を嘆くより、その裏にある能力を信じよう。自分自身のそれも、連れ合いのそれも、若い人たちのそれも。

CHAPTER 2

# イライラさせる男たちを手玉に取ろう

## ～男性脳・女性脳活用法

# 男性との会話はくのいちの術で

## 男と女は対話スタイルが違う

私が人工知能（ＡＩ）の研究者として歩みだしたのは、大学を卒業した一九八三年のこと。当時のコンピュータ会社は男性ばかりで、女子大かつ女子寮でぬくぬくと過ごした四年間とはあまりにも違う環境に呆然としたのを覚えている。

そんな私に与えられたミッションが、人とロボットの対話の研究。「ロボットがどんなふうにことばを紡いでくれたら、私たちは、ストレスなく、心地よく共存できるだろうか」というのが、私たちのチームに与えられたテーマだった。最初の打合せで、私は絶望した。「人とロボットの対話以前だわ……。あなたたち男子と対話ができない！」

男性と女性では、対話のスタイルが違うのである。

女性は、ことの発端から話したがる。「そもそも、三か月前に、私がこう言ったら、あの人がこう言って、でね……」というふうに。女性脳は、経緯から真理を切りだす脳なのだ。ことの経緯を語っているうちに、そこに潜むさまざまな因果を無意識のうちに引きだして、さまざまな気付きを生みだしていく。そうして、経緯を語り終えるころには、抜本的な解決策がぽんと浮かんでくるのである。

このため、女性の会話において大切なのは、「共感しながら、上手に話を聞いてもらうこと」であって、「小賢しい問題解決の口を挟んでもらうこと」じゃない。

一方、男性は、その逆。ゴールから前倒しに考えるのである。誰かが「実はね……」なんて切りだしたら、「この対話の目的は何なのだ？」が気になって仕方がない。男性脳は、ゴールするために必要な問題解決を急ぎたがる脳なのである。問題解決のためなら、共感する暇も惜しむ。

このため、女性の話をさえぎって、「きみの口の利き方もなぁ」なんて余計なことを言ってくるのである。

「なんだか、腰が痛くて……」なんて言ったら、いきなり「医者に行ったのか」と返してくる夫。あれは、本当にげんなりする。男性脳は問題解決を急ぐ脳なので、「医者に行ったか行かないか」の確認は最重要ポイントなのだ。私たち女性は、「腰が痛いの？　そりゃ、つらいだろう」と共感してくれれば、痛みも半減する脳なのにねぇ。

ことの発端から気持ちよく話したい共感型の対話スタイルと、ゴールからさっさと前倒しにしたい問題解決型の対話スタイル……男女の対話スタイルは、その方向が真逆なので、この二つは相容れないのである。

人工知能においても、この二つは混ぜては作れない。男性脳型の対話エンジンと、女性脳型の対話エンジンをそれぞれに開発して、ロボットには、これらをハイブリッドにして搭載するしかない。ロボット同士が対話するときも、片方が男性脳型、もう片方が女性脳型で対話を始めたら、この対話は決してうまく着地しない。ロボットはストレスを感じないが、これが生身の男と女だったら？　そう思うと、この発見を人工知能の研究

室に閉じ込めておくのはもったいない。そう思って、私は研究室から飛び出し、男女脳の違いを世に広めるようになったのである。

## 女性におすすめ「頼り返しの術」

というわけで、女性の皆さま、よ〜く覚えておいてください。

男性に何かを提案したとき、いきなり弱点を突いてくるのは、嫌がらせでもなく、愛情の欠如でもないのである。

たとえば、「今度の休み、京都に行かない?」なんて言って、「紅葉の盛りに今から宿が取れるわけがないだろう」なんて、いきなりの全否定を食らったとき。どうか、モチベーションを下げないで。彼らの脳は、「最短の問題解決」が大好物。弱点を見つけるのが使命なのだ。彼の脳は、「たいせつな女性を、繁忙期の京都という混乱から救った」満足感でいっぱいである。よもや「彼女の気持ちを全否定した、冷たい男」になっているなんて、思いもよらない。

もしも、男性に弱点を指摘されたら、「頼り返しの術」を使おう。「そうなのよ、そこが問題なの。なんとかならないかしら」と、頼ってしまうのだ。問題解決は、男性脳の好物なので、彼らはちょっといい思いをする。「無理だよ」なんて言われても、ひるむことはない。「そうよね」と素直に返事をして、うなだれてみせればいい。問題解決に失敗した男性脳は、心が痛む。それだけで情緒のポイントがたまる。何かのときに、きっとアドバンテージになる。

ただこの術、夫には、かなり使いづらい。悔しくて「もういいわっ」と投げだしてやりたくなっちゃうからだ。私も、使おう使おうと思いつつ、どうにも使えない。なので、私はこれを「くのいちの術」と呼んでいる。忍者の術くらい使うのが難しい、という意味で。でも、それだからこそ、やってみる価値がある。お試しあれ。

# 「共感してくれない」を気にしない

## 「問題解決演算」をする女性脳

男と女の対話スタイルが、相反していて、相容れないこと……まだある。

男女の話は、方向が真逆なのである。

女の話はことの発端から始まる。

何かトラブルが起こったとき、「そういえば、三か月前、私があの人にこう言ったら、ああ言われ、そのときからいやぁな感じがしてたのね。それでさぁ、こうしたら、ああなって……」なんていうふうに。結論を待っている人からしたら、紆余曲折の長い無駄話だ。

しかし、これ、無駄ではないのである。脳は、一秒たりとも無駄なことはしない。

女性脳は、ことの経緯（プロセス）を、脳に浮かんだままにしゃべっていくと、無意識の領域で、強い信号が並列で流れ出す。問題解決演算である。問題はどこにあるのか、誰が悪いのか、私が悪くなかったとしても、何かしてあげられることがあったはず……のような演算を、無意識に走らせているのだ。

この、無意識の領域で行う問題解決は、有意識で行うそれより、ずっと合理的で客観的、しかも謙虚だと言われている。つまりね、女性脳は、「気持ちよくしゃべらせてあげれば、最適解が出せる問題解決マシン」なのである。

# 女性の話を一刀両断する男性脳の真意とは

したがって、女の話は邪魔しちゃいけない。

「きみの気持ち、よくわかるよ」と、気持ちに共感して、最後まで話を導くのがセオリーだ。「何の話だ」「結論から言えないのか」「それは最初のお前の口の利き方が悪い」のように一刀両断にしてしまうと、高速運転中の演算が中断されてすべて無為になるので、女性脳にはストレス信号があふれ出す。高速運転中の車に急ブレーキをかけたときのことを想像すればいい。そのショックは、果てしなく大きい。

当然、女性脳は深く絶望していく。したり顔で、すばやく、疑問点や弱点を突いてくる夫や上司に。

でも待って、男たちのこれ、実は、愛と誠意なのである。男の話は、方向が真逆。ゴールからの前倒しだ。

結論が出ていることなら、結論から知りたい。結論を出すための会話なら、その目的を最初に明らかにしたいのである。話のポイントの数を最初から知らせてもらえば、なおありがたい。たとえば、こんなふうに。「あなた、お母様の三回忌について、話があるの。ポイントは三つ。いつするか、誰を呼ぶか、お食事はどうするか」

しかし、たいていの法事の相談は、前の法事の思い出話（たいていは愚痴）から始まるものじゃない？　「お父様の七回忌のときさぁ、あのおばさん、なんて言ったか覚えてる？」なんてね。

実は男性脳、おしゃべりに使う脳のワーク領域が、女性脳の数十分の一しかないので、対話力が圧倒的に違う。女性脳のように「いろいろな話」をすべて脳に置いておけないのである。何の話かわからないうちに、どんどん脳から消えて行ってしまい、やがてぼうっとしてしまう。本題に入ったころには、音声認識にも失敗していて、「あなた、話聞いてないでしょ！」と叱られる羽目に。

自転車で、ポルシェにはついてこれない。ここは、女性が、わかりやすくしゃべってあげなきゃかわいそうなのだ。

しかも、問題解決型。男性脳は、問題点が見つかったとたんに、問題解決せずにはいられない。共感もなく、「医者に行ったのか」だの「できるわけなかろう」のように、唐突に言い放つのは、そのためだ。

男性脳は、長らく狩りをすることで進化してきた脳。荒野で危険な目に遭っているときに、ぐずぐずしてはいられない。「話は結論から簡潔に」「問題点が見つかったら、いち早く指摘する」ことで、いのちを長らえてきた性なのである。

彼らが、いきなり結論を突きつけるのは、目の前の大切な人を、いち早く混乱から救おうとする愛と誠意なのだ！　冷たいのでも、朴念仁《ぼくねんじん》なのでもなく。

そのうえ、男性脳は、問題解決を先延ばしにして、女性の話を我慢して聞き続けると、免疫力ががくんと下がってしまうのである。片や、話をさえぎられると絶望する脳と、片や、話を最後まで聞くと身体を壊す脳。男女というのは、どうにも難儀な組み合わせらしい。

「共感してくれない」を気にしない。それこそが、自分の心が折れないようにしつつ、夫を長生きさせるコツ、なのかもしれない。

# 男性脳は褒めて育てる！

## 髪型を変えても夫が気づかない理由

男と女では、見ている場所が違う。

男性脳は、思いのほか遠くを見ている。長らく狩りをしてきた性なので、遠くから飛んできたものに瞬時に照準が合い、その距離感を正確に把握し、(捕まえるにしろ、逃げるにしろ）身体を反応させるのが男性脳の重要な機能。そのため、無意識のうちに、広い空間全体をまばらに見て、ものの位置関係や距離感を探っているのだ。

男性脳が得意とする視覚の範囲は、三メートルより外になる。このため、目の前のものごとに関しては、観察力が低い。目の前にあるのに「ない、ない」と言って妻を呼ぶのは、全世界の夫がやることだ。

女が髪型を変えても気がつかない、気持ちを察してくれない、机を片付けたら叱られた。これらは、ひとえに「目の前のものごと」への観察力が低いためだ。

ましてや、家事すなわち半径三メートル以内で起こるとりとめのない多重タスク（作業）を、男性脳はなかなか把握できない。

うちの夫は、結婚してまだ間がないころ、「お鍋出すよ〜」と言っても「おう」と返事するだけだった。「鍋敷きを出してよ」と言ったら、テーブルの上のものをかき分けて鍋敷きを置いてくれる。「新聞も片付けなきゃ」と言ったら、新聞だけ片付けて、その下から現れたボールペンはそのまま。「お鍋を出す」と言ったら、テーブルの上を片付けて鍋敷きかコンロを出し、薬味の小皿やおたまを揃えるということを習得するまでに、長い月日を必要とした。人工知能のプログラムよりたいへん！、と私は思った。

男性脳は、家事を、女性の三分の一ほどしか認知していない。したがって、「俺は半分やっている」と豪語している男性でも六分の一しかできていない。かわいいものである。

## 男性脳を育てるために必要なこと

だからといって「じゃあ、三倍やってもらわなきゃ」というのは早計だ。三分の一しか把握できないということは、「自然にできる」ことの量が三分の一ということ。つまり、同じことをさせようとしたら、男性脳には女性脳の三倍のストレスがあるってことだ。男の家事は、六分の一で十分と心得よう。

というわけで、夫に家事を手伝ってもらうなら、ぼんやりと「手伝って」と

言っても無理。明確にタスクを切りだし、定番にすることが肝心だ。たとえば、お風呂掃除（カビとりに特化してもいい）、洗濯物干し、窓ふき、蕎麦《そば》ゆで……などのように。

男性脳は、目の前のことの観察力が低いので、臨機応変に動けない。このため、「私の動きに合わせて、察して、うまくやって」は無理なのだが、特化したタスクのスペシャリストになることは得意なのである。

なお、男性脳はゴール指向型

といって、結果に重きを置く脳。このため、「評価によってタスクが完遂したことを確認する」ことが不可欠になる。つまり、感謝したり、褒めてやらなければ、脳がうまく機能しない。

やって見せ、言って聞かせて、やらせてみて、ほめてやらねば、人は動かじ。話し合い、耳を傾け、承認し、任せてやらねば、人は育たず。やっている、姿を感謝で見守って、信頼せねば、人は実らず。

これは、山本五十六《やまもといそろく》の名言だが、これこそ、男性脳の育て方。忍耐がいるが、こうして育てた男性脳は、有能さを失わず、決して裏切らない。

ほとんどのことが半径三メートル以内で起こる家庭は、女性脳の有効範囲。どうしたって女性がリーダーなのである。夫を育て、息子を育てるためには、名海軍元帥と同じだけの覚悟がいる。主婦業は侮れない。

さて、三メートル以内にとんと意識が行かない男性脳に対し、女性脳の視覚センサーは、「比較的近く」が有効範囲だ。目の前の動きが緩慢なもの、あるいは動かないものをなめるように隙間なく眺め、針の先ほどの変化も見逃さない。そこにあってはいけないものは、見えていなくても、気配で感じることさえある。

「遠く、動く」が得意な男性脳と、「近く、動かない」が得意な女性脳。男女はともにいれば完璧。優秀な視覚センサーのペアなのである。

私たちは、とっさに違うところを見て、互いを守り合う、最高のパートナーなのだが、ときに腹立たしい相手でもある。

たとえば、ドライブ。妻が二〇メートル先のわき道を見て「そこ、左」と言ったとき、夫は五〇メートル先の「交差点」を見ているのである。当然、「なんで〃そこ〃で曲がらないの！」「おまえが言った〃そこ〃で曲がったさ」と喧嘩になる。「きみの、あれ・これ・それはわからん」とは、我が夫が昔よく言ったセリフ。夫に道を教えるときは、早めに、具体的に言わなければ通じない。そのコンビニの手前を左、というように。

厄介だけど、使い方さえわかれば、うんと便利。男女の脳は、そんな関係にある。

# 感情スイッチの切り方

## 「共感」できない男性脳
## 「共感」してほしい女性脳

男は、共感が下手すぎる。

ことあるごとに、男性たちには、「女性脳は共感で動いている。共感してくれないと、とても苦しいの。どうか、共感してあげて」と言い続けているのだが、みな一様に困惑してしまう。「そう、やすやすとは共感できない」のだそうで。

たとえば、妻と隣の奥さんとの間にトラブルが生じたとき。どう考えたって妻が悪いという場合でも、「きみの気持ちはよくわかるよ」といったん話を聞いてあげてほしいのだが、これを言うと、男性たちはびっくりしてしまう。「悪いものに、同意はできない。というか、しちゃだめでしょう」と困惑顔だ。

いやいや、「気持ちがわかる」と「でも、きみもやり方がまずい」は共存できる。女性脳的には。

私たちは、女友達の話を「わかる。わかるよ〜」と親身に聞いたあげく、「でも、それ言っちゃおしまいでしょ。そりゃ、あなたも悪いわ」と鮮やかに切り返すことができる。気持ちを受け止めてもらえれば、女性脳のストレス信号はあらかた鎮静化するのを経験上、知っているからだ。

女性脳は、怖い、つらい、ひどいなどの感情が、男性脳より強く起こり、長く続く傾向にある。

理由は、私たちが哺乳類のメスだからだ。哺乳類のメスの脳では、自己保全の信号が強く働く。哺乳類は、体内で子どもをある程度までの大きさにし、出産した後も一定期間授乳をしなければならないため、自身が安全で良好な状態でいることが、生殖の第一条件なのである。

このため、何か危険なことや不利な状況に遭遇したとき、男性脳よりも強く反応する。さらに、その状況に自分を追い込んだプロセスを無意識のうちに脳内で確認し、二度と同じ状況に自分を追い込まないための知として、脳に書き込むのである。この能力によって、厳密に言えば女性は、この後の人生で二度と同じ目には遭わない。

このプロセス分析時間を確保するため、脳は、比較的長い時間、怖さやつらさに拘束されるのである。

## 懲りない男
## 感情を長引かせる女

「怖かった」「ひどい」「つらい」を女性がぐずぐずと言い募る（ように見える）

のも、別にわがままだからじゃない。生殖の責任において、脳の知的戦略の一環で、わざわざ行っている感情制御なのである。経験の少ない女性ほど、この傾向が強く出るので、若い女子はことさら「こわかった〜」「ひど〜い」なんて騒ぐように見える。

一方で、永らく狩りをしてきた男性脳は、危険な目に遭ったとき、いつまでも怖がっているとかえって危ない。このため、女性脳のようなプロセス解析はせず、瞬時に冷静さを取り戻す。代わりに、身の処し方の記憶を脳に書き込むのである。というわけで、男は、懲りずに危険な目に遭うが、その度に、身の処し方が素早くなるという寸法なのだ。

我が家の息子の小学生時代の作文に、「ぼくはジャングルジムが好きです。何度、頭を打っても大好きです」と始まるジャングルジム愛を謳った文章があるのだが、この懲りなさこそが男性脳なのである。女の子なら、一度痛い目に遭えば、しばらくジャングルジムに近づかない。

どんな過酷な目に遭っても、男たちは、懲りずに野に出、海に出る。同じように、女たちがどんなに口を酸っぱくして言ってあげても、男たちは懲りずに同じことをする。男たちの懲りなさが人類を発展させてきたわけだから、男たちの「無頓着に同じ行動を繰り返す」も、大目に見ないといけない。少なくとも、妻に対する無関心や嫌がらせでないことは、知っておいてあげないとかわいそうだ。

さて、わざと感情を長引かせる女性脳は、感情スイッチの切り方も心得ている。それが「共感」なのだ。「怖かった」「ひどい」と周囲に訴えて、「わかるよ、かわいそうに」と共感してもらうと、余剰なストレス信号が沈静化して、心が落ち着く。

女性脳と付き合う側から言えば、「わかるよ」と言ってあげれば、ストレス信号が沈静化し、人の意見を聴ける状態になるのだから、まずそれをすればいい、というわけだ。

男性の皆さま、どうぞ、共感で、目の前の「女性脳という装置」のストレス信号を落としてあげてください。そうすれば、その後の展開がどんなにスムーズかわからない。共感できないという自分の気持ちは、この際、あまり気にせず。

# カサンドラを疑え

## 「共感できない」という障害

人は、うなずくことで、お給料をもらっているのよ。

これは、私が、ある若者に説教したときのセリフである。

仕事はできて当たり前。それだけじゃ、プロと呼ばれるためには、まだ足りない。上司にタイミングよくうなずくことで、上司は指示が適正に受け止められたことを知る。顧客に的確にうなずくことで、顧客は自分の要請が届いたことを知る。部下に優しくうなずくことで、部下は気持ちを汲んでもらえたことを知る。実際の仕事を見せる前に「この人なら大丈夫」と思わせること。それこそがプロであり、人はそこにお金を払うのだ、と。

というのも、その彼女、人の話にちゃんとうなずかなかったからだ。指示を出しても、表情を動かさずに、じっと斜め下を向いている。周囲は、「聞いてるの?」と何度も言ってしまうことになる。彼女はとうとう「聞いてるから、ここにいるんです!」と逆切れしてきた。

というわけで、冒頭の説教である。しかし、それを聞いた彼女は、途方に暮れてしまった。彼女は、人が自然にする「相手に同調して、うなずいたり、表情を変えたりする」という共鳴反応の存在そのものを知らなかったのである。

「うまく、うなずけない」という脳の癖がある。

通常、人は、目の前の人の表情や所作に〝つい〟反応してしまう。目の前の人が満面の笑みを浮かべれば、つられてほおが緩んでしまう。深刻な顔をすれば、つられて眉をひそめてしまう。まるで鏡に映したように。そう、まさに「鏡の脳細胞（ミラーニューロン）」と呼ばれる脳神経細胞を使って、私たちは、目の前の人の表情筋を脳裏に映しとるのである。

この能力の延長線上に、「うなずく」という行為がある。人は、相手の話の流れに合わせて、うんうんうなずいたり、深くうなずいたり、小首をかしげたり、ドン引きしたりして、反応してしまうものなのだ。そんなこと、しようと思ってするものでもなく、誰もが自然に身につけた共感力である。教えようもないし、学びようもない。

## スマホ授乳への警告

その能力が著しく低い人がいる。彼らは、人が自然に身につける共感力を持たず、学校の成績は悪くはないのに、話が通じず、なかなか仕事の成果が出せ

ない。

男性で、しかも技術系の職種なら、このタイプも生きる場所がある。ちょっと偏屈だと思われるだけだ。しかし、女性で、しかも周囲と連携をとらなくてはいけない文系の現場となると、周囲も本人もかなり苦しむことになる。

言ったことにうなずかないから、周囲は不信感を募らせる。周囲に共鳴していないので「暗黙の了解」も成り立たない。「ことばにはならない仕事のコツ」

を「先輩の背中を見て学ぶ」も不可能なので、十を説明してやっと一を知るような事態である。周囲の評価は、「愚鈍で、仕事ができないくせに、反抗的」。最悪である。

一方、本人は、自分のありようを自覚していないから、周りはいつも自分に対して不機嫌で、話の仲間に入れてくれない、疎外されていると感じているのである。

なんとか許して、仲間に入れてあげたいものだが、困ったことに、共感障害者は周囲に病人を作りだしてしまうのである。共感障害を呈する脳の状態の一種に、アスペルガー症候群と呼ばれるものがある。アスペルガー症候群の夫を持つ妻が、片頭痛や不眠、涙が止まらないなどのパニックを起こすことをカサンドラ症候群という。

うなずけない部下や上司を持つと、カサンドラになってしまうことがある。片頭痛、不眠、涙が止まらないなどの症状を呈したら、向精神薬を飲む前に、カサンドラ症候群を疑ったほうがいい。共感障害者のせいである、自分が悪いわけじゃない、と自覚しただけで症状が軽減する。

実は、授乳中に、母親が語りかけたり、笑いかけたりしてくれることで、子の共感力は身につく。なのに、授乳中に携帯やスマホに夢中になる母親が二〇年ほど前から激増している。それが原因とは言い切れないが、携帯の普及に連動するようにうなずけない若者は確実に増えてきているのだ。仕事ができない、人に愛されない……愛しいわが子が、そんな大人に育ってしまうなんて、ぞっとする。どうか、授乳中のスマホは最小限にしてほしい。

# 子育てママの本当のイライラの理由

## 名もなき家事

先日、幼児期の子どもを抱えるママたち向けの雑誌の取材で、「名もなき家事」ということばを聞いた。

子育て中の主婦にとって、真の問題は、ゴミ捨て、風呂掃除、窓ふきなどのように名のついている家事じゃない。そういう家事は、夫にも頼みやすい。夫婦で手分けもしやすい。

彼女たちを疲弊させるのは、「洗剤や調味料やトイレットペーパーなどのストックを、買い物のついでに思い出しながら要領よく補充していく」とか「トイレに立ったついでに使ったコップを片付ける」とか「歯を磨きながら、洗面台の鏡を磨く」のような、あえて掃除だの管理だのと呼ばない、日々の小さな所作の積み重ねのこと。

そういう「名もなき家事」を、呼吸をするように、自然にしてしまえるのが本来の女性脳である。だが、子育て中の女性たちは、この「名もなき家事」がうまくいかなくなってしまうのだ。

あれのついでに、これをして、その間にこれも……と思っているその足元で、子どもがゴミ箱をひっくり返したり、おもちゃがうまく使えなくてかんしゃくを起こしたり、ミルクを吐いたりして、あらゆる「ついで」を阻止してしまう。結果、家がいっこうに片付かず、料理がうまく進まない。「暮らしが壊れていく……!」、それが、追い詰められたママたちの心の叫びだと思う。

そんなとき、若き妻が頼りにするのは、頼りがいのある大人（であるはずの）夫である。

テーブルの上の使用済みのコップ。片付けたいけど、子どもの世話で「ついで」ができない。イラつき始めたそんなとき、立ち上がった夫がリビングを横切って、台所へ向かう。あ～よかった、コップを片付けてくれるよね……と思いきや、テーブル脇を素通りし、冷蔵庫を開けて飲み物を出し、新たなコップに注いで持ってくる。テーブルの上が片付くどころが、汚れ物が倍になる！

これは、定年退職して一日中家にいるようになった夫にも言える。「ついで」を手伝ってくれるどころか、「ついで」を増やしてくれるひと。些細なことだが、ヒトの脳には些細なことこそ深く効いてくる。

## 家事の顕在化ですっきりした日常を！

今どきの夫たちは、名のついた家事は、言えば手伝ってくれる。しかし、本

当に手を差し伸べてほしいのは「名もなき家事」。どうしたら、それをしてくれるようになりますか?

それが、取材のテーマだった。私の回答は、とてもシンプル。「名もなき家事に、男性脳は永遠に気づかない」

男性と女性では、骨格の動かし方が違う。男性は、鎖骨を縦方向に動かし、女性は、横に動かす。このため、男性の所作は、肩をいからせるような立体的な動きになり、女性のそれは、流れるような水平の動きになる。

所作が違うから、相手の動きを「無意識のうちに脳裏に映し取ること」がうまくできないのである。妻の「立ち上がるついでに、テーブルの上のコップを取る」という所作が、流れるように静かなので、見逃すわけだ。

加えて、前述したように、男性は半径三メートルより外側の「離れた場所」や「ふいに動くもの」に意識が行くように作られている。「遠くをチラ見する」という視神経制御をしているため、女性のように、目の前の、動きが穏やかなものに注視することができないのである。「名もなき家事」は、男性脳が見逃す場所に、「所作の流れ」として存在するもの。これを認知するのは、難しいのではなく、不可能なのだ。

したがって、してもらいたかったら、その正体を説明し、できれば名付けをして、その場面に遭遇するたびに何度もことばがけして、躾《しつ》けていくしかないのである。

かなり面倒くさい気がするが、やってみる価値はある。やってみると、なかなか気持ちいい。だって、本当に、夫がみるみる変わるから。

我が家では「あきらめず、（できるだけ）腹を立てずにコツコツと」を積み重ねて三四年、この春、夫が定年退職した。そうしたら、なんと最高の家事のパートナーである。食事は蕎麦くらいしか作らないが、洗濯も、荷物の受け取りもベランダのハーブたちの栽培も完璧。この間なんか、私が着物を着ようとしたら、さっと背中心を合わせてくれて、お太鼓まで作ってくれた。

こうして、あうんの呼吸で「名もなき家事」ができるようになった夫は値千金。便利なだけじゃなく、家事の総体を垣間見て、「すごいことをやってくれていたんだ」と気づくので、妻に一目置くようになる。

家事の顕在化。一日も早く、始めましょう。

# 男性上司には、心の通信線を断ちなさい！

## 二本の通信線を持つ女性脳

女性は、コミュニケーションにおいて、「心」と「事実」の二本の通信線を持っている。

女友達を相手に、彼女の事実を否定するときは、心を肯定してやるのである。「あなたの気持ち、よくわかる。私も同じ立場だったら、きっとそうしたと思う。でもね、それは間違ってるのよ」というように。

決して、心を突き離しはしない。それが、女性脳のコミュニケーションの基本である。逆に言えば、心と事実を同時に否定するときは、最後通牒《さいごつうちょう》に近い。「あなたの気持ちが理解できない。なんでこんなことをするわけ?」と言うときは、人間性を疑ったとき。言ったほうは傷ついているし、言われたほうもショックを感じる。ほとんどの場合、もう無邪気につるむ仲には戻れない。

ところが、男性は、気軽にこれをしてくるのである。

男性脳は、基本、「心」と「事実」を一本で動かすからだ。つまり、事実を否定してくるときは、心を寄せずに潔く否定する。心根に言及するときも、それをきっぱり否定するのである。

「部長、こんなアイデアがあるんですが」と、女性社員が職場改善の自主提案をしたとする。この提案を却下するとき、女性部長なら「いいところに気がついたわね。私も気になってたの。あー、でも、これダメだな」というふうに返すのだが、男性部長のほとんどが、「あー、これはダメ。○○がそろわない」と一刀両断にしてくる。

女性脳は、「心」の通信線を断たれて、「事実」を否定されると、人格や存在を否定されたように感じるので、これはつらい。

ちなみに男性の部下であれば、こういう場合、「自分のこの度《たび》の作業を否定された」にすぎないので、「あー、ダメだったか」と納得して、遺恨を残さない。言ったほうも、人格や存在を否定した気はまったくないのである。忙しく、ときには危険なビジネスの現場において、「心を寄せて、事実は否定する」なんていう二重構造のコミュニケーションを取っていると危ないからだ。

## 女性に必要なビジネスマナー

そもそも、男たちの脳は、狩りをしながら進化してきた。荒野に出て、危険な思いをし、仲間と瞬時に連携を取りながら、無事に獲物を得て帰ってくる男

だけが子孫を残してきたのだ。二一世紀の男たちは狩りには出ないが、その進化の果てにある。「迅速で、一刀両断」が男性脳の基本機能なのである。

よっぽど女々《めめ》しい男子を除いて、ちょっとした作業を否定されたからと言って、「気持ちをわかってくれない。私なんて、ここにいなくていいんだわ」なんていうふうには思わない。男たちは、長いこと、このさっぱりした人間関係の中で、潔くジャッジをしあい、生き馬の目を抜くビジネス界で競争してきたのである。

ところが、今や、職場のそこここに女性がいる。「今のこの作業だけを否定した」のに、「ひどい」なんて言われて、男性脳は心底びっくりなのである。

最近は、若い男性脳までが、これに便乗してメンタルダウンしてくるから、おじさんたちは、泥沼に足を取られたような気がしている。実は、真夜中の携帯端末の凝視が、男性ホルモン・テストステロンの分泌を阻害するので、現代の男性たちは、男性ホルモンの分泌量が三〇年前の男性たちより、ずっと減っているのである。思春期にゲームに夢中になった世代にその傾向は顕著で、今の五〇代は、三五歳以下の部下を「俺の若いころ」と一緒だと思うと、たいへんなことになる。

女性が知っておくべき最大のビジネスマナーは、「心」の通信線のない会話に慣れること。「目の前の事実」の否定に、いちいち人格を否定された気になって遺恨を募らせていては、一人前のプロになる前にへとへとになってしまう。遺恨を持つ者の不機嫌は、職場を停滞させ、「女は厄介だ」とひとくくりにされてしまって、他の女性にも迷惑をかける。

職場は、迅速を旨とする、命がけの「荒野」なのである。ここに参加する気なら、女性も心の通信線を断つ対話ができなければならない。それができなければ、組織を危うくする。この点については、私は働く女性たちに一歩も譲歩できない。

しかし、プライベートのほうは逆。男たるもの、妻や恋人の心の通信線は常に肯定しなければいけない。相手の事実を否定するときは、必ず「気持ちはわかるよ、でもね」をつけること。早めに、夫や息子を躾けておいたほうがいいですよ。

# 実家ストレスはどう解消？

## 姑対策は、息子がキーマン

先日、ある男性誌が取材にやってきた。

テーマは、実家ストレスをどう解消したらいいか。

男性誌なので夫の立場での取材である。曰く、妻が夫の実家に行くのがストレスで、帰りたがらない。どうしたらいいか。

その相談を受けた瞬間、私の脳裏に、何年か前に出演したテレビ番組のシーンが浮かんだ。

そのテレビ番組のテーマは、嫁姑戦争。視聴者に寄せられた実例を基に、嫁側の立場の若い女性タレントと、姑側の立場の熟年女性タレントがバトルをし、私が解説して調整するというもの。その席で、こんな投稿が読み上げられた。「親戚一同が集まる新年会の席で、最後に母親が出してきた自慢の雑煮。しかし、妻の椀にだけ、餅が入ってなかった。妻は、後で泣いていた」

姑の嫁いじめに、会場全体が憤慨した。姑側のタレントさんも、「正月の餅を食べさせないなんて、それはひどいかも」と嫁の味方に立った。

しかし、中立の立場であるべき私だけが、「待って」と声をかけたのだ。「よく考えてみて。この息子夫婦は、雑煮を作るのも運ぶのも、手伝っていなかったのよね？」

大勢の親戚が集まる新年会。本家の主婦は大忙しだ。その最後の仕上げに雑煮がある。お酒の燗をつけながら、おつゆが吹きこぼれないように気を使い、十数個の餅を焼く。その大変な作業を、嫁は手伝っていないのである。手伝っていたら、餅が入っていないお椀なんて作れないもの。

自らもまだ嫁の立場を引きずって、黙々と立ち働いている姑にしてみたら、なにも手伝わないで、どっかと座ったままの若嫁に、お餅を入れ忘れるくらいのことはしてみたくなるのが人情じゃないだろうか。

それにしてもこの息子、なぜ、立ち働く母親を一人で台所に放っておくの？　我が家の息子なら、さっと立ってお餅を焼いてくれる。息子が立てば、嫁も立つ。若い夫婦がお餅を焼いて、雑煮を運んでくれたら、そこに「餅の入っていない椀」なんてできないだろうに。

## 嫁姑問題は妄想が生み出しているのかもしれない

私の夫は、私が初めて夫の実家に泊まったとき、「この人、平日は毎日残業

しながら、家事もこなして、ぎりぎり頑張ってるんだ。ここにいるときは、娘のように思ってやってくれ」と言ってくれた。
姑は、自分も職人の女房として忙しく働いているのに、「もちろんだよ」と返事をして、本当の母のようにしてくれた。以来三〇年、八六歳で亡くなる直前まで、煮物のような手のかかるおかずは、すべて義母が作ってくれていたのである。
私は、息子のお嫁ちゃんが初めて泊まりに来てくれたとき、

「日ごろは家事をやり、仕事をやり、夜間学校にまで通っているんだから、ここでは羽を伸ばしてね。家事はいっさいやらなくていいよ」と宣言した。

それでも気の利く彼女は、いろいろやってくれる。私も、疲れたときはSOSを出す。じゃ、何の宣言だったの？という感じだが、「気が利かない嫁」と言われるかもしれないというプレッシャーだけはなくしてあげたかったのだ。彼女のためと言うより、いっぱいいっぱい帰ってきてほしいから。そのおかげか、毎週末、若夫婦は帰ってきてくれるようになり、今では（アパートもあるのに）ほぼ同居状態である（微笑）。

今や、姑世代も、昭和三〇年代生まれのトレンディ世代である。昔ほど、嫁にストレスをかける気なんてないはずだ。となると、実家ストレスの多くは、お嫁さんの側の「気の利かない嫁」と言われたくないというプレッシャーによって勝手に起こっている、というのが実情じゃないだろうか。美しく、片付け上手で、賢い姑を持っている人ほど、それを感じているのに違いない。つまり、嫁側が半分妄想で、ストレスを高めているのである。

しかしながら、女の妄想力は、止められない。だとしたら、その暗黙のプレッシャーを、ことばで解いてやるのが、姑や夫（息子）の役割なのかもしれない。

姑の側が「日ごろ頑張っているから、ここではさぼればいいのよ。私が足腰立たなくなったら、よろしくね」と言ってやり、手伝ってほしいときには素直に声をかけ、恨みをためない。察して動くことで、相手を評価しない。それを期待するから、察する能力がまだ低い嫁は緊張し、姑はいらつくことになる。

女性脳は経験で成熟していく脳だ。若いってことは、気の利かない夫に毛が生えたくらいだと思っておいたほうがいい。

# 女であることの誇り。女性脳大活用法

## 男女の脳の機能性の違いを知れば、ストレスを軽減できる

最近、脳生理学由来の脳科学の先生たちが、「男女の脳は違わない」というので、びっくりしてしまう。

先日も、私の講演を聞いてくださったある男性が、「やっぱり男女の脳は違いますよねぇ」としきりに感心しながら曰く、昔から女性とは話が通じないなあと思っていたので、ある有名な脳科学者に尋ねたら、「男女の脳に、それほ

どの違いはないですよ」と一笑に付されたという。「悶々《もんもん》としました。でも、今日すっきりしました。ずっと不思議に思っていたことの謎がすべて解けたもの」と満面の笑みを見せてくれた。六〇代のすいも甘いもかみ分けた、奥様を心から愛する紳士である。

解剖学的に見れば、男女の脳は、大きくは違わない。右脳と左脳をつなぐ脳《のう》梁《りょう》という器官の太さがやや違い、前頭葉や小脳の発達具合がわずかに違う。それだけのことだ。

男女とも全機能搭載可能な脳で生まれてくるのだが、あらかじめ生存と生殖に有利な方向性にチューニングされているのである。その方向性が、男女で真逆なのだ。同じラジオなのだが、違う番組を流している。そんな違いだ。

生理学の先生の「男女の脳は違わない」は〝ラジオ〟の方を指している。私の言う「男女の脳は違う」は〝番組（局）〟のことだ。論点が違うので、たたかれても反論する気にもならない。

## 女性脳が生み出す能力をおおいに活用しよう！

解剖学的な違いはわずかなものかもしれないが、その機能性は大きく違う。そのことを知っておいたほうが、人類は穏便に生きられるのではないかと、ある日私は思ったのである。つまり「男女の脳は違わない」と思い込んで、異性の脳が、自分の期待と違う動きをするたびに「不誠実で愚か」だとがっかりするよりは、「男女の脳の機能性の違い」を知ることでストレスを軽減させるほうがしあわせなのではないかと。

ボーボワールは「人は女に生まれるのではない、女になるのだ」と述べ、母性は神話に過ぎないと言ったが、残念ながら「多くの女性は、女性脳に生まれつく」のであり、その脳に母性は生まれつき備わっている。ただし、男たちが

思うような「小さきものを無条件で愛しいと思う」ようなロマンティックなそれじゃないけど。
たとえば、女性は、「怖い」「ひどい」「つらい」をことさら大げさに騒ぐことがある。「さっき、駅の階段で落ちそうになって、怖かった〜」なんてね。男性が、飲み会の最初に「さっき、ぼく、階段で落ちそうになっちゃったんだよ〜」なんて騒ぐことはほぼ皆無で、しかし、ゲイの方はそれをする。
実は、女性脳は、危険に伴う

感情が男性より強く働き、明らかに長く残る。理由は、今後の人生で、二度と同じ危険な目に遭わないように、「危険な目に至った記憶」を解析して、脳に定着させる時間を稼ぐためだ。これから身ごもる自分と、その後に育てていく幼子を守るための脳の準備である。熟年女性だって、孫育てのために動揺する。子どもや孫を持たない女性だって、ゲイの方だって、部下や社会を守るために動揺する。

女性脳は無駄に動揺しているわけじゃない。脳は、一秒たりとも無駄なことはしないのだから。

ちなみに、ゲイの方の脳は、男性脳より女性脳に近い。脳のモデルは、必ずしも身体の性と一致しないのである。大勢と違う脳は、大勢と違うものを見る。太古の昔から一定数生まれてくる、人類が変化に対応するために必要な脳であり、少数派ではあるが異常ではない。

他にも、察しや気づき、男性とは違う臨機応変な発想力など、母性に由来する能力はたくさんある。女性脳に生まれつけば、子どもを産まなくても発現する確固たる能力だ。それらは動物的な逞《たくま》しさで女性脳の中に存在し、女性特有の無意識の行動に出てくる。そして、それが、ビジネスや世のために大いに役立つことがあるのである。

男に対峙するあまり、女であることを否定してしまっては、本当に惜しい気がする。

## 男性上司に理解してもらえない女性社員のストレス

「わかってもらえない。言いたいことが伝わらない」

先日伺った女性のキャリアアップ支援のための勉強会で、多くの女性が口にしたことばである。男性上司に自分の気持ちをわかってもらいたいのだが、話を最後まで聞いてくれない。「で？　何が言いたいんだ？」と、話の途中で遮られてしまう。

けれど、結論だけ言うのも違う、と彼女たちは言う。まず、事情や気持ちをわかってもらわないと、と。

たとえば、ここ一か月ほど、顧客からの無理な要求が相次いで、休みもまともに取れない日々が続いた。子どもともぎくしゃくして追い詰められている。ここらで二日ほど休暇をもらって、生活を立て直したい……。

そんなひっ迫した事態なのに、結論から言えば「二日ほど休暇をもらいたい」になってしまい、まるで自分に労働意欲がないみたいに聞こえてしまう。なので女性は、ここ一か月のあれやこれやを先に聞いてほしいのである。

そうして、「そりゃ、たしかに、休みを取らないとたいへんだな」と共感してもらうか、できるならば上司のほうから「休暇を取って、立て直したらどうか」と言ってほしいのだ。「察して、ねぎらい、いたわってもらう」を、女性たちは望んでいるのである。

## 結論プラス〝キャンペーンコピー〟の方程式

しかし男性脳は、結論から対話を展開する脳なので、漫然と「一か月のあれやこれや」を聞くようにはできていない。事情や気持ちが伝わるどころか、「この愚痴の連続は何だ。やる気がないのか」「何が言いたいかまったくわからん。混乱してるな」と感じてしまうので、実はこれ、逆効果なのだ。

男性相手には、やはり結論から言わなくてはいけない。

結論だけでは言いにくい（通りにくい）のなら、その結論に〝キャンペーンコピー〟をつければいい。先の例、私なら、こう言う。「顧客満足度を上げるために、来週、二日休みをいただきます」

「なんだそれ？」と聞かれたら、こっちのものである。「あまりにも追い詰め

られていて、私の脳がうまく機能していません。これでは、顧客のためにもならず、きっと大きな失敗をしてしまいます。土日プラス二日いただければ、なんとか立て直せます」と答え、「何があったんだ?」と聞かれてから初めて、この一か月のあれやこれやを述べる。

　この話法だと、あくまでも仕事のことを考えているように見える。意欲が伝わって、上司も「休みを取るのもいいが、顧客対策を抜本的に考えよう」と言ってくれるかもしれない。気持ちなんて、私は、わかってもらえなくていい。休みが取れて、上司が状況を把握してくれればいいだけだ。職場で、それ以上のものを求める必要性がわからない。

## 「察してほしい！」という呪縛から抜け出そう！

私は夫にも同じ手法を取る。

「追い詰められた。今日はご飯を作れない。ファミレスで食べよう」と簡潔に言う。「どうしたの?」と言ってきたら、今日のあれこれを話して聞かせる。

それを、「お母さんにああ言われて、PTAでこう言われて……」と先に事情を話すから、「そんなこと、断ればいいじゃないか」「断れるものなら、断ってるわよ」などと不毛なやりとりを重ねることになるのだ。

ただ愚痴を聞いてもらいたいときも、いきなり始めてはいけない。男子は、自分が責められているものと勘違いして、いちいち突っかかってくるからね。私はよく「今日、私に起こった哀しい出来事を話してあげるね」と前置きをする。

なかなかデートに誘ってくれない恋人へのメールも同じことだ。

先のデートから一〇日も経つ、〇〇ちゃんは彼氏と三日おきにデートしてるよ、私なんて……などと気持ちをつづっても、返事なんか返って来やしない。下手すれば、「重い女」だと思われて危険でさえある。

それより、いきなり「今度の日曜日、焼き肉食べに連れてって」とメールすればいい。「なんだ、急に」と言われたら、「寂しくて、焼き肉でも食べなきゃやってられない、元気が出ないよ。もう一〇日も会ってないんだよ」と甘えればいい。

結論から言う。結論だけだと言いにくいことならキャンペーンコピーをつける。男に「なんで？」「どうしたの？」と言わせたら勝ち。

要は、「気持ちをわかってほしい」「察してほしい」という呪縛から抜けだすことだ。その気持ちを潔く捨てた先にだけ、「きみにだけに無理をさせたな」「寂しい思いをさせてごめん」のいたわりのことばが待っている。男と女の七不思議のひとつである（後の六つは探索中）。

# 妻はなぜ、いつも不機嫌なのか

## 女性にとって家は戦場のベースキャンプ

妻はなぜ、いつも不機嫌なのか。

その疑問を口にする男性は多い。男たちは、妻がいつも「うっすらイラっとしている」のを感じ取っていて、どうしたら恋人同士のときのようなリラックスした楽しさが戻ってくるのか思案しているのである。

「はぁ?:」である。女は、自分が管理している家でリラックスすることなんてない。そのことがわかってないんだなぁと、あきれるしかない。

私は昔から、住宅メーカーの「くつろぎの家」という宣伝文句が、まったくもってぴんとこなかった。丘の上のマイハウスの前に立って、しみじみとする「家に帰れば〜　〇〇ハウス〜」のCM画像にも、ちっともシンパシーを感じない。

主婦には、そんな感覚、ないのじゃないだろうか。

女たちは、帰路を急ぐとき、「ドアを開けた瞬間から何をするか」を綿密に組み立てている。「お湯を沸かしながら、洗濯物を取り込む。きゅうりの浅漬けを仕込んだら、買い物袋の中身を片付ける」みたいに。家の前でしみじみする時間なんて、〇・一秒だってない。そして、家のドアを開けたら、戦闘開始のゴングが鳴る。

女にとって、家は、くつろぎや癒しの場所じゃない。戦場のベースキャンプのようなものだ。

理想は「すべてが整っていて、いつでも必要な時に必要なものが出せる場所」

であって、それを管理することも戦いなのである。

さらに、女たちは、半径三メートル以内をなめるように見て、針の先ほどの変化も見逃さない。歯磨きをしながら、鏡の汚れに気がついて磨く。トイレに立ったついでにテーブルの汚れに気がついて、トイレの帰りに台ふきを持ってきて拭く。

それくらいは、半分無意識で行える。逆に言うと、常に周囲をサーチしているのである。その女性脳の緊張感が、男性たちには「うっすらイラっとしている」ように見えるのだと思う。

そして、そこまでして管理している空間に、事件が起こる。夫がシャツを脱ぎ捨てる。ビジネスバッグを置き去りにする。使ったコップを片付けない。明日はプール開きなのに、子どもの水着が見つからない……妻たちにとって、日常とは、まこと戦闘であって、デートの散歩のようなわけには、絶対にいかないのである。

## 家の動線を変えてみれば……

そこで、私は考えてみた。家の中で、女はどんなときにイライラをためているのだろう、と。

料理やトイレ掃除、洗濯物を干すなど、いわゆる家事の最中は、意外に腹は立たない。むしろ、そこまでの動線の中に、腹立ちが含まれている。

夫の脱ぎ捨てたシャツを拾ったり、洗濯物を干し場に運ぶ間に、「私ばっかり」という気持ちになる。共働きの夫婦なら、「子どもの水着が見つからない」の瞬間も。「なぜ、私ばっかり、こういう準備をしなきゃいけないわけ?」と腹が立つ。

妻たちは、夫の家事参加が少なすぎると腹を立てるわけだが、私は、「家の

動線」を変えてみたらどうなのだろうか、と思いついた。

以前、超多忙な女性社長が熟年再婚をしたとき、長くて広いウォークスルー・クロゼット（歩いて通り抜けられる衣装ダンス）を作ったのを見せてもらったことがある。

長さ六メートルくらいの細長い部屋の両壁がクロゼットになっている。コート掛けや引き出しが上手くしつらえてあって、右に妻のすべて（衣類、バッグ、靴、旅行鞄、帽子）、左に夫のすべてが、ブランドの陳列棚のように整理されて収まっている。四季のすべてが入っているから、衣替えもしなくていいのである。

そのクロゼットは、脱衣室に隣接していて、脱衣室は乾燥室になる。この家の主婦は、夜お風呂に入っているうちに洗濯機を回し、それをすべてハンガーにかけて脱衣室につるして夜中の間に乾かし、翌朝、ハンガーを隣のクロゼットに移せば、日ごろの洗濯は終了なのである。

夫も妻も、帰宅するとすぐにクロゼットを通り抜ける。カバンを所定の位置に置き、リラックスウエアに着替えてクロゼットを出る。リビングに、夫の汚れ物やカバンが置き去りになることもない。

また、夫は夫のエリアを管理しているので、自然に自立していて、出張の準備に妻を呼ぶこともない。

「夫に腹が立たない家を建てた」と、彼女は微笑《ほほえ》んだ。我が家は、家を建て替えたわけじゃないが、この方式をできるだけ取り入れている。

家事動線がすっきりしていると、家族が家事に参加しやすい。「私ばっかり」

と思う隙がない。私たちは、家のせいで、無駄に夫に腹が立っているのかもしれない。

夫にイラついてしょうがない方は、一度、家事動線を考えてみてはどうだろうか。

# お金の問題は、脳差の問題

## 夫婦間のお金の価値観が一致しないのは必然？

先日、ある雑誌から、夫婦のお金問題について取材を受けた。夫婦喧嘩のネタの筆頭にお金の感覚の違いがあると言うのだ。よくある「夫婦間のお金にまつわる喧嘩」として、次のような項目が挙げられていた。

①妻が、夫の稼ぎが少ないと言って、喧嘩になる。

②妻が、夫の小遣いを上げようとしない。または、減らそうとして、喧嘩に

なる。

③夫が、妻の買い物を浪費だと感じて、喧嘩になる。

④妻が、夫の飲み代やタバコ代、趣味等への支出を許せず、喧嘩になる。

⑤教育費や小遣い等、子どもへのお金のかけ方で意見が合わず、喧嘩になる。

⑥家や車の購入、保険の加入等、家計の大きな出費について意見が合わず、喧嘩になる。

——要は、互いに相手が浪費家なうえに、自分にケチだと感じているということだ。

脳科学的にはさもありなん。夫婦は、感性真逆の組合せである。より強い遺伝子の組合せを目指して、寒さに弱い個体は強い個体を、寝つきが悪い個体はよい個体を、ウィルスに弱い個体は強い個体を求める。その結果、生体としての外界への反応（感性）がまったく違う相手に、「よりによって」発情する羽目になるのである。

感性が違えば、とっさに感じることも、行動も違う。強く愛し合った男女ほど、価値観が遠く離れた二人に他ならない。多くの人は、浪費家でも倹約家でもなく「無駄遣いはしないが、使うべきときは使っている」気持ちで生きているのだが、惚れ合った男女は、無駄だと思うことと、使うべきだと思うことが一致しないのである。このため、相手が「無駄なことに使う」「必要なことをしぶる」と見えてしまうのだ。

かくして、夫婦のお金の価値観は、外部に対しては一致しても、互いの中では一致しないのである。

## 「お金」ではなく「心」を主語にする

夫の小遣い問題など、限りある資源をどうシェアすべきかについては、完全に顕在意識の問題なので、潜在意識の研究者である私には、実は具体的な回答

はない。
　ただ、子どものお受験問題など、男女のコミュニケーションギャップを金銭感覚の違いにすり替えていることも多いように思えてならない。
　男性脳は対立した相手を説得するとき、相手の弱点を突くことから始める。たとえば、妻が長男をお受験させたい、夫が公立でいいと考える場合、「そんな余裕、うちにはないだろ。長男ひとりならまだしも、三人の子どもたち全員なんて絶対に無理」とか言いがち。

しかし、女性脳は、いきなり弱点を突かれると、共感してもらえなかった（気持ちをわかってもらえなかった）ショックで、かえってかたくなになる。女性脳は、危険回避より共感が大事だからだ。

狩りをしながら進化した男性脳は、危険から身を守ることが何より大事。したがって、危険回避のために「弱点を瞬時に指摘して、不安要因を徹底的に排除する」ことを重要視している。このため、話し合いの口火を切るのに、「○○はダメだ」「おまえのここが悪い」と、弱点を突くことから始めることが多い。

一方、女性脳は、女同士の密なコミュニケーションの中で子育てをしながら進化してきた。群れの中で生存可能性を上げるためには、周囲に共感してもらうことこそが危険回避よりずっと重要なのである。

このため、夫がお受験問題を金銭問題にして攻撃してしまうと、妻がかたくなになり「私も働く」「実家が出してくれる」と言いだして、話は膠着《こうちゃく》してしまう。

女性脳を説得するときは、相手の弱点を突くのではなく、「こちらの利点を、あなたにもわかってもらいたい、あげたい」という態度を貫くほうがずっとスムーズなのだ。

たとえば、「公立校にやれば、地元の友達ができるだろう? 男の子にとっては、休みの日にも何かとつるめる仲間が必要なんだよ。息子には、一緒に大人になれる幼なじみを作ってやりたい。夏休みにバラバラになって、海外にバカンスに行っちゃうような友達じゃなく。公立も最近は努力してるらしいよ。見学に行ってみないか?」なんて言ってみる。この説得法は、実際にアドバイスして、功を奏したケースである。

このように、金銭感覚の違いとして浮上した問題の多くが、男女のコミュニケーションの問題であることが多々ある。

金銭感覚のすれ違いは、多くは心のすれ違い。頭に浮かんだのは金銭問題であっても、お金を主語にせず、心を主語にして、相手にアプローチするといいかもしれない。

# デキる女は、空気になってしまう

## ものの関連性の認知に長けた女性脳

一〇年ほど前のことである。とある部品商社で、実際にあったお話。

その商社では、何万点もの工業部品を扱っていた。分厚いカタログは、毎年春に更新される。そのカタログの更新は、パートの五〇代の女性が、たった一人で担当していた。

その年、リーマンショックの影響を受けて、日本の製造業市場が冷え込んだ。

「派遣切り」と言うことばが生まれた年のことである。このパートの女性も、残念ながら職を失った。

その後任に、二〇代後半の正社員の男性が充《あ》てられた。エリートである彼が、その仕事に途方に暮れるようになろうとは、その時点では、誰も想像しなかった。なにせ、パートのおばちゃんが、軽やかにやってのけていた程度の仕事なのだから。

しかしながら、毎年四月に更新される予定だったカタログの更新が、なんと五月の連休明けになっても、まったく目途が立たない事態に陥ってしまった。

ネジ一つとっても、何ページにもわたるカタログ情報である。素人目にはまったく区別のつかない微細な違いを見分け、型番やラインナップが変わったら、それにすばやく対応していく。ある部品の型番が変われば、その関連部品の型番も変わっているはずなので、それを予測しながら、全体の整合性を合わせていく。その難易度が高い編集作業を、五〇代のパートの女性が、いとも簡単にやってのけていたのである。

女性脳をなめちゃいけない。特に家事タスクに精通している女性脳は、こういう作業がめちゃくちゃ得意なのである。たとえ、工業技術の専門家ではなく、全体の構図が描けなくても、ものの関連性の認知に長けているので、実践でうんと役に立つ。

## 女の本当の能力をわかっていない男たち

この女性のマルチタスク・パワーを、男たちは甘く見ている。なぜならば、その能力の多くは、「知らないうちに、あっという間にしてしまう」からだ。男たちは、女の本当の能力をわかっていないのである。

あるとき、素敵な熟年紳士から、「ゴミ出しに、あれだけの工程があるなんて、思いもよらなかったよ！」と話しかけられた。彼は、しみじみとこう続けた。「昨

日、二階の自室にいたら、一階で妻が掃除機をかける音が聞こえてきた。妻はこうして掃除機をかけながらも、あれをやっているのかと思ったら、急に愛しくてたまらなくなってしまってね」

　ちなみに、彼が読んだ本は『妻のトリセツ』で、その中に私は、ゴミ捨てには一〇工程あると書いたのである。①分別の種類に合ったゴミ箱を複数用意し設置する、②ゴミ袋を分別の種類ごとに用意する、③分別種類ごとの収集曜日を把握する、④分別してゴミの袋に入れる、⑤不快なゴミが外から見えていないか確認する、⑥袋に破れがないか、持ち手は汚れていないかチェックする、⑦空気が入らないようにゴミ袋の口を結ぶ、⑧ゴミ捨て場に持っていく、⑨ゴミ箱が汚れていたら洗う、⑩ゴミ箱に新しいゴミ袋をセットする。

男たちは、カワイイ。自分の無理解と不甲斐なさを潔く反省する。そして、そんな無理解な自分に腹も立てずに（たぶん、あきらめているだけなのだが）、黙々とゴミを分別し、掃除機をかけてくれる妻に愛しさが溢れるのである。

## たまのパニックとキャンペーンを！

デキすぎる妻は、その存在価値を夫に伝えられない。

私は、ときにデキすぎるのを止めてみてはどうか、とお勧めしたい。いつも家が片付いていて、「〇〇！」と叫んだら、すぐに出てくる。そんな魔法の杖みたいな妻は、感謝もされなければ、ねぎらわれない。

「○○！」と言われたら、「ひゃー、どこだろう ー、えー、思い出せない」とパニックになってみせ、「私ボケたのかも」と落ち込んでみせるとか。今日まで何でもしてきた妻が、ある日、こんなイレギュラーな態度に出たら、夫はびっくりして、自分のことは自分でやりだすかも。

それと、キャンペーンも大事。自分がやっていることを〝宣伝〟するのである。私は、夫が家にいるときは、私自身がする家事をいちいち報告する。「今日は、シーツを洗濯して、新聞紙を束ねて、トイレを掃除して、カレーを作りながら、原稿を一本書くね」みたいに。自分のすることを事細かく「事前に知らせ」「途中経過を報告し」「最後の完了報告」する。夫は、私がたくさんのことをしてると認知しているので、ちょっとした用事を頼んでも、「はいよ」と引き受けてくれる。同じことを黙ってやってしまうと、嫌な顔をするのに。

デキすぎの女性たちは、ぜひ、たまのパニックとキャンペーンを。職場でも、家庭でも。

CHAPTER 3

# 定年だって怖くない

## 〜"自分"を楽しむための心得

# 老いへの備え

## 男性脳と女性脳では問題解決方法が違う

女は共感脳、男は問題解決脳。
最近、この世の男女のミゾは、ほぼ、この見解だけで解決できるような気がしてきた。
先日、「初恋～お父さん、チビがいなくなりました」という映画を観てきた。
主人公は、結婚四四年目の夫婦。会話のない二人の間をとりもっていた老猫が、ある日、ふっつりと姿を消すのである。

その喪失感を共感してほしい妻と、静かに耐えて、呑み込もうとする夫。そのすれ違いがやがて、ひょんなことから大爆発して……（後は、これから観る方のためにナイショ。ごめんなさい）

外飼いの老猫が姿を消す。抗《あらが》えない自然の摂理である。こういう解決できない、やるせない思いに対して、男性脳と女性脳は解決方法が違う。

共感してもらうことでストレス信号が減衰する女性脳は、こういうとき、切ないくらいに共感とねぎらいを求める。夫は妻の心の痛みに「わかるよ、本当にそうだね」と共感し、探す努力に寄り添い、「おまえは、あいつに本当によくしてやったな」とねぎらってあげてほしい。

しかし、男性脳は、共感ではストレスが解消できない。「すばやい問題解決」をもってのみ、男性脳は苦しみから解放されるのである。したがって、深い瞑想をし（女から見たら、ぼんやりして人の話も聞かない態度の挙句）、「あいつには、そのときがきたんだ」と納得して、けりをつける。

男性脳も苦悩の果てにそれをするのだが、外からはわかりにくい上に、女から見たら「めんどくさがって、突き離したように」見えるのである。私からしたら、女もかわいそうだけど、男も悲しい。

しかし、ときどき逆転夫婦もいる。妻が合理派、夫がロマンチストという組合せも、もちろんある。

## 夫婦がすれ違う本当の理由

男性脳とは、「多くの男性が典型的に使う神経信号モデル（演算モデル）」のことである。女性がその使い方をすることもあり、一人の男性が年齢と環境によって、その使い方を変えることもある。若い時は男性脳型だったが、年を取って、共感を求める女性脳型の使い方に変わるケースもある。しかし、夫婦とは不思議なもので、たいていは真逆の組合わせになる。年齢を重ねて、夫が共

感を求めだしたころには、妻が自由を求めていたり（微笑）。

かくして、夫婦はすれ違う。

共感とねぎらいで、人生の悲哀を乗り越えようとする脳と、瞑想（沈黙）とすばやい問題解決で、それをする脳。この二者にとって、相手はまったく理解できない。共感脳にとって、問題解決脳は、愛のない冷酷な人に感じてしまう。問題解決脳は、相手がどんどん引いてしまうのを、どうしてやればいいのかわからず、ただ立ちすくむだけだ。

人生一〇〇年時代、結婚生活は七〇年に及ぶ。この脳の演算モデルのすれ違いを、「愛」や「心」のすれ違いだと勘違いして生きるには、あまりにも長すぎる。

## 「ただ共感してほしい」と妻から伝えよう!

女性脳は、共感でストレス信号を鎮静化する。それは、太古の昔から、女性にとって「共感」こそが、生存可能性を上げる大事な手段だったからだ。一説によると、人類の自然な授乳期間は四年に及ぶといわれている。(我が家の息子の卒乳も自然に任せていたら四歳二ヶ月だった)。しかもそのうち一年は歩けないのである。そんな特殊な哺乳類である人類の女性たちは、単独での子育ては難しい。女同士の密なコミュニケーションの中で、うまくやれる女性だけが、子どもを安定して育て上げることができたのに違いない。その環境においては、力を誇示して畏《おそ》れられることより、「あなたの気持ちはよくわかる。あなたのお子さんは大丈夫？」と、周囲から共感されていることのほうが、ずっと子どもの生存可能性はあがるのである。

狩りに出て危険な目に遭いながら、仲間と自分を瞬時に救いつつ、確実に餌を取ってこなければならなかった男性たちにとっては、すばやい問題解決こそが、心の安寧を生み出す唯一の手段だ。そんな男性脳にとって、共感はあまり意味がない。だから、「腰が痛い」と訴えると「医者に行ったのか、早く病院に行けよ」なんて言ってくるのである。女は、ただ共感してくれればいいのに。

男女の脳は、使い方が違う。だからこそ惹かれて、一緒に生きてきたのに、最後に迎える「老い」のような、解決のできないやるせない思いに、二人の立ち位置が違うことは、本当に悲しい。妻は、夫に「ただ共感してほしいのよ」と教えなければならない。共感し合える二人に、きっと「老い」は優しい。

# 六〇代は夫婦適齢期

## 六〇代カップルの素敵なことば

私が、奈良で一番好きな風景は、万燈籠《まんとうろう》である。

節分とお盆の晩、春日大社の三〇〇〇基にも及ぶ石燈籠に、ろうそくの火が灯される。

春日大社の参道は、ゆるやかな上り坂で、優しいカーブを描く。途中で二手に分かれた道が、森を透かして見えもする。そのここかしこに灯があるので、まるで、天の川の中に迷い込んでしまったかのような幻想的な風景なのだ。

その日は照明を使わないので、参道自体は暗い。大学最後の年、ひとりで参道を下りてきた私は、気づかずに、前からやってきた六〇代と思《おぼ》しきご夫婦の間に割って入ってしまった。「ごめんなさい！」とあやまりながら半身ですり抜けると、後ろで「若いって、きれいね」という女性の声が聞こえた。「いや」とすかさず男性が応えた。「若いころのきみの方がもっときれいだった。それに、今のほうがきれいだ」

私は、あまりにも幸せで、とろけそうになってしまった。なんて素敵なことばなんだろう。いつか、私もそう言われる六〇代になりたい、そう言われるような夫婦関係を紡ぎたい、と。

しかしまぁ、実際に夫婦をやって三四年（加えて男女脳の研究を始めてから三二年）、今だからわかることがある。本当の夫婦は、きっとあんな会話はしない。あれは、一緒の墓に入らない仲なんじゃないのかなぁ。

一緒の墓に入らないからこそ、節度と憧れを保つ仲。六〇を過ぎたら、そんな異性の友達が許されてもいいような気がする。

## すれ違い時期を経た夫婦のいい関係

夫婦生活とは、恋が腐ってゆくのを見守る暮らしである。

優秀な子孫を作るために、私たちは、感性が真逆の相手に惚れる。違う感性を持ち寄ったほうが、子孫の生存可能性が上がるからだ。たとえば、寒さに強い個体と、暑さに強い個体がつがえば、地球が温暖化しても寒冷化しても子孫が残る。だから、愛し合う二人のエアコンの適正温度は、たいていは一致しない。子孫の生存可能性を上げるために、あえて、そう仕組まれているのである。

同じ理由で、夫婦は、さまざまにすれ違う。片方がせっかちなら、もう片方はおっとり。片方の寝つきがよければ、もう片方は寝つきが悪くて、相手の寝

息が癇《かん》に障る。歯磨き粉のチューブを几帳面に絞り出す人には、「真ん中からぎゅっとやっちゃう」伴侶がつく。強く惚れ合った二人ほど、絶望的な感性のすれ違いがある。

そんな相手とうまく寄り添うために、脳には、相手のあら探しを止める期間がある。〝あばたもえくぼ〟期間と、私は呼んでいる。しかし、それが永遠じゃないところが、この世の悲劇なのだ。

哺乳類の場合、メスの一生殖

期間（妊娠準備＋妊娠＋授乳）だけ、それが働く。ヒトの場合で約三年。残念ながら、これがすぎると、「優しい」が「優柔不断」に、「頼もしい」が「人の話を聞かない」に、「かわいい」が「だらしない」に変わるのである。悲しいことだけど、何人もこれを免れることができない。

しかし、夫婦というのは面白いもので、恋が腐った果てに得る一体感みたいなものがある。「腹が立つけど、邪魔じゃない」という不思議な場所に落ち着き、生殖期間が終わると、女友達との旅よりも、夫との旅のほうが疲れなくなる。結婚三〇年目を越えたころから多くの人が自覚してくる感覚で、六〇代後半の夫婦がその適齢期になる。

夫婦になった以上、この感覚を味わわないのは、とても惜しい気がする。恋は死んでも、うまくすれば「干物」になる。そこまでくれば夫婦は安泰。夫が女友達と万燈籠を歩くくらい、目をつぶってあげてもいいような気がする。

ただし、その場合も、言わぬが花。「嘘をつくくらいの遠慮」があるほうが、かえって妻に対する色気を感じさせる。男女が逆でも一緒。「夫と愛人と息子を、一緒に車に乗せて駅まで送る」なんていうフランスのようなあからさまさは、万燈籠には似合わない。

「不倫、不倫」と騒ぎ散らして、芸能人や政治家を一線から引きずりおろすのが、昨今の風潮だけど、世間の人々はそこまで清廉潔白に生きているのだろうか。もちろん、家族を崩壊させるなんて言語道断だけど、そっと静かに誰かを思うくらいは許されていい。脳科学上は、そんなふうに見える。

あの夜から、三七年が過ぎた。あのカップルも、もうこの世にいないだろう。万燈籠の夜に粋な会話を交わす熟年男女を、白日にさらしてこきおろさないですむような成熟した社会であってほしいと願うばかりである。

## ボケるのは怖い？

### イケメン理学療法士を待つおばあちゃんたち

二〇数年前、おばあちゃんたちが肩を寄せ合って暮らすグループホームの話を聞いたことがある。

彼女たちには炊事当番があるのだが、ひとりのおばあちゃんが「今日は、私が当番」と言い張って、毎日炊事をしている。他のおばあちゃんたちも、それを疑うこともなく（あるいは疑っていてもことを荒立てず）、毎日ありがたく彼女のご飯を食べている。

週に二回、イケメンの理学療法士がやってくる。午後二時に到着する彼を、おばあちゃんたちは、一一時ごろからバス停で日傘をさして待っているという。さんざめくように、おしゃべりしながら。

六〇の声を聴こうという今、その話をふと思い出すことがある。このすっとぼけ方は、素敵だなぁと。

ことの真偽をうやむやにして、嬉しいことをふんわり楽しむ。邪悪さと卑屈さのない脳にだけ許される生き方だ。

この方たちが、特別に安寧な人生を送ってきたとは思えない。壮年期に戦争を乗り越えてきた世代だもの。でも、邪悪さに触れ、卑屈さを覚えた人生でも、この境地には到達できる。なにせ、私たちの脳にはボケるというちからがある。怖がらずに身を任せたらいい。

## 魂を身軽にさせるために

私が四〇歳のころのこと。もの忘れが増えた。私はぞっとして、言語学の師に、その不安を漏らした。すると、八〇代のその師はにっこりと笑って、こう答えた。「あなたが忘れるのは、まだ固有名詞でしょう？　八〇代に入ってくると、一般名詞を忘れるようになる。固有名詞のうちは、もの忘れとは言わないよ」

そう、たしかに。私は、女優の名前は忘れるけれど、「女優」という一般名詞を忘れるわけじゃない。先生は、続けてこうもおっしゃった。「一般名詞を忘れると、その存在意義も忘れる。つまりさ、しゃもじを手にして、その呼び名がわからなくなったときは、それが何に使えるものなのかも見失うんだよ」

脳科学の所見上、ことばは、今を生きることに必要でなくなったものから消えていく。しゃもじを忘れるころには、きっと誰かに、ご飯をよそってもらっているのだろう。

人は、やがて、この世に別れを告げる準備に入る。遅かれ早かれ、人は、いくばくかのことばを失っていく。そうして、最後は、人の手のぬくもりだけを頼りに、もと来た場所へ帰っていくのである。

それこそが、邪悪と卑屈から解放される道のりだ。憂うことはない。今とこれからを生きるために必要でないものを捨て去り、魂はきっと身軽になっていく。あのグループホームのおばあちゃんたちのように。

けれど、きっと日々家事を回している方の多くが「その、他人にご飯をよそってもらわなければいけない日々が怖い」とおっしゃるのだろう。ご飯くらいならまだしも下の世話なんて……。

大丈夫。その問題は、ほどなく人工知能が解決してくれる。人としての尊厳を傷つけることなく、清潔を保つのを手伝ってくれる機械のパートナー。清潔でさえあれば、かなりすっとぼけても（いや、すっとぼけているからこそ）、老女は社会の癒しになれる。

幸せなことに、私たちの世代は、かなり安心してボケられる。

## チャーミングなおばあちゃんになりたい！

先日、新幹線のホームで素敵な親子に見とれてしまった。

六〇代と思しき息子と、八〇半ばに見える母親の組合わせだ。母親のほうは、腰は曲がっているけれども、ショルダーバッグを斜めにかけて、しゃくしゃくと歩いている。

その日、私たちが乗ろうとした車両は、少し古い、珍しい型ののぞみだった。そうしたら、車両デザインを見たご子息が、「母さん、これ、珍しい車両だよ、

見てごらん」と声をかけたのである。母親は、「どれどれ」とのぞき込んで、「ほんと」と声を嬉しそうに上げている。まるで電車マニアの六歳の男の子と、それが愛しくてたまらない若き母親のように。

私は、涙がこぼれそうになってしまった。二人はきっと、六〇年近く前から、そうして肩を寄せ合ってきたに違いない。曲がった腰で、息子の手を握りながら新幹線に見入る姿は、めちゃくちゃチャーミングだった。

あー、こういうおばあちゃんになりたい、と私は思った。こういうおばあちゃんになれるのなら、明日なってもいいくらいだ。

老女であるということは、思ったよりチャーミングだな、と思う初春の宵。

今年、私は、数え年の六〇になった。

# 歯のない話

## 将棋界の新旧交代劇

ＮＨＫの番組の収録で、将棋の加藤一二三《ひふみ》さんとご一緒させていただいたことがある。

史上最高齢現役、最高齢勝利の記録を伸ばしていた加藤九段は、二〇一七年の六月二〇日、高野智史四段に負けて、現役を引退した。七七歳だった。

その前年には、彗星のように現れた一四歳のスター、藤井聡太四段のプロ公式デビュー戦において、対戦相手となった加藤九段が藤井四段に白星を献上したことも話題になった。

藤井四段が一四歳二か月でプロ入りするまで、加藤九段（一四歳七か月でのプロ入り）が、プロ入り最年少記録保持者だったことも、たびたび取り上げられた。

高野四段に負けたとき、加藤九段はマイクを向ける記者を振り切って、無言でその場を立ち去った。そのわけを教えてもらった。「最初に、家族に報告をしたかった。テレビを通してではなく、直接、妻にことばをかけたかった。後から、ちゃんと記者会見しましたよ」なのだそうだ。

「自分が、将棋を闘い続けてこられたのは、家族のおかげだから、当たり前です」と、加藤九段は、歯のない可愛らしいお顔で満面の笑みを浮かべた。ひふみん（加藤九段のニックネーム）が、バラエティ番組でひっぱりだこな理由が見えたような気がした。

## 思念と口腔の開け具合は連動する

さて、その加藤九段に歯がないのは、周知のこと。前歯も奥歯もなく、犬歯だけが残っていて、なんとも可愛らしい風情だ。

番組の中で、加藤九段が「毎日、妻に歯を入れろと言われて閉口している。妻だけじゃなく、いろんな人に言われるのだけど、実は歯があると、頭が止まってしまうんです」とおっしゃった。

曰く、以前、奥歯を入れたとき、頭の回転がぴたりと止まって、何も出てこなくなってしまった。棋士としては、致命的。しかたないので入れた歯を抜いたら、元に戻った。仕事にならないので、歯を入れる気はない。

私は、「脳科学的に、そのことは、よくわかります」とお応えした。実は、口腔の動きと脳とは、密接に関連しているのである。

あごのすぐ後ろには、小脳という器官がある。小脳は、空間認知と身体制御を司り、イメージを創りだす立役者。直観力は、ここが生み出す。何百何千という棋譜を俯瞰する棋士たちは、小脳を著しく活性化して、繊細に使う人たちだ。

この小脳は、口腔の開け具合に影響を受ける。たとえば、「タカイ」と発音すれば、上あごが高く開き、この感覚が小脳を経由して、右脳のイメージ処理の場所に届き、意味とは別に「高いイメージ」が作られるのである。「ヒクイ」と発音すれば、下あごが低く下がり、やはり、脳は低いイメージを描く。英語でも「High（ハイ）」は上あごが高く上がり、「Low（ロウ）」は下あごが低く下がる。私たちは、無意識のうちに、口腔の開け具合と脳を連動させているのである。

また、宇宙や悠久の歴史に思いをはせるとき、人は、口を閉じていても、あごを緩めて上下の奥歯の間を空けていることが多い。遠くを思うとき、自然に口腔を高く使うからだ。逆に、近くの何かに集中するときは、奥歯を合わせる傾向にある。近しい人間関係のストレスにさらされたときは、強くかみしめることさえある。

こうして、思念と口腔の開け具合は、微妙に連動する。となると、小脳を大胆かつ繊細に使う棋士たちは、おそらく、口腔の開け具合に強く影響を受けるはずだ。

加藤九段は、奥歯をなくして、あごの咬合が深く使えるようになった。この

深く合わさるあごの感覚によって、今まで見えなかったものが見えてきた可能性が高い。長くそのあごと脳で闘い続ければ、これが、彼の思考モデルとして定着する。つまり、歯がないことが、今の加藤九段を作ったのである。最高齢勝利記録を伸ばしたのも、歯がないおかげだったと私は確信する。

歯が抜ける。「放っておけば、たいへんなことになる。歯がなければ、病気になるし、ボケる」と歯医者にも医者にも整体師にも叱られる。老いの現象の一つとして、ネガティブだとばかり思っていた、この事象に、とんでもないこの世の秘密が潜んでいたのである。

加藤九段は、「多少健康に悪くても、仕事ができないくらいなら、歯のないほうを選びます」ときっぱりとおっしゃった。もちろん、個人差はあるのだが、この考え方は、ちょっとヒントにならないだろうか。

動きの鈍くなった身体、見えなくなった目、しみ、皺……老いの現象は、もしかすると、脳に新しい世界観を与えているのかもしれない。老いてみるのも、面白い。

# 人工知能は人を超えますか？

## 機械が人を超えることは恐るるに足らない

先日、ある女子高校生から、質問のメールが届いた。

人工知能には、何ができるのでしょうか。人工知能は、人間を超えますか？

私たちは、人工知能に支配されてしまうのでしょうか。

人工知能の創成期を歩いてきた女性研究者として、多くの女性が抱えるこの不安には真摯に答えなければならないと背筋が伸びた。

というわけで、今回は、黒川伊保子のＡＩ入門。

ＡＩは、人間の脳の中で行われている認識や思考演算をコンピュータ上に実装して、携帯電話や家電製品、車、ビルや工場などの管理システムに導入していく技術である。

ＡＩに何ができるのでしょうか、という質問には、「人の想像できることはなんでも」と答えるしかない。人間の能力を再現していく技術なので、「今できること」は限られていても、「未来できること」は無限だ。「自由自在に空を飛んで」も「地球の裏側に穴を掘って」も「私のために小説を書いて」「私の病気に、私より早く気がついて」だって。

その能力は、もちろん、人を超える。

ただし、人を超えるということと、人の手に負えないということは違う。多くの方は、そこを誤解している。

人を超えるということで言えば、「力持ち」なら、ブルドーザーは人を超えている。「記憶力」「計算力」では、既に七〇年前のコンピュータが人を超えているのだ。機械が人を超えること自体は、恐れることではない。むしろ、人を超えなきゃ意味がない。

## ほとんどの定型作業を代替する人工知能

では、人間の職業を奪いますよね、と質問されたら、それもＹＥＳである。かつて、内燃エンジンが発明されて、「穴を掘る人」や「荷物を担いで運ぶ人」は失業した。しかしそれは、人類が命を落とすような過酷な労働から解放された瞬間でもあった。

人工知能も同様である。ほどなく、遠隔操作によるブルドーザーなどの半自動運転が可能になる。そうなれば、荒野や山の中で危険な目に遭っている建機のオペレータたちは、快適なオフィスで命の危険なく働ける。さらに、午前中は北海道の山奥で、午後は沖縄の海岸線で働くことも可能なので、建築業界の人手不足が大幅に解消される。とはいえ、それは、逆の見方をすれば、「人の職業が奪われる」ことでもある。

二〇〇〇年ごろから編集ソフトとプリンタが進化して、企業はちょっとしたチラシを自作できるようになった。このため、町の印刷屋さんの多くが廃業やビジネススタイルの変更に追い込まれた。時代の趨勢《すうせい》は、人工知能の登場を待たずとも、技術の革新と共に常に、「今の職業」を呑み込んできた。

人工知能は、たいていの定型作業を代替してしまうので、呑み込まれていく職業は、たしかに少なくはない。しかし、人工知能の開発・運用に大きなパワーがかかるようになり、失業した人の数以上の雇用が必要になる。コンピュータが登場して、そろばんを弾く人が要らなくなっても、それ以上のＩＴエンジニアを社会は必要とするようになったのと同じだ。それに、ＡＩとの付き合いは、単なるプログラミングよりきっと面白い。

でも、ＡＩは、いつか人間を支配するのでは？

その質問には、私は否と答える。現在のＡＩには、生存本能がなく、自我がない。よりよく生きよう、誰よりも優遇してほしい、誰かをいじめて自分の存在価値を確かめたい、という「気持ち」の回路は作られていない。それらは、現在のＡＩの守備範囲の外にある。

しかし、その設計を誰かが仕込めば、もちろんそうなる。自動車だって、「二〇二五年一月一日一〇時、ブレーキを不能にする」というふうに制御系にプログラミングされていれば、未来のある日、突然ブレーキが効かなくなる。機械が人を襲うのに、人工知能である必要はないのだ。

機械を設計した人に悪意があれば、人工知能に限らず、その危険をはらんでいる。だからこそ、メーカーの信頼性が大事なのだと私は思う。海外の知らないメーカーの電気製品を、私は決して買わないもの。

そして、何でもできる人工知能については、逆に言うと、人類は「何をさせないべきか」考えることがとても大事だと私は思う。定型作業を機械に代替させてしまうと、若い人材が育たない。人は「発想したり、開発したり」できるようになる前に、定型作業に泣かなきゃいけないからだ。経営者には、あえてAIを導入しないという英断が求められている。生活者も一緒である。自立を妨げるような「余計なお世話」は暮らしに取り入れてはいけない。

# 愛の正体

## 人工知能にとっての「愛」とは？

私は、ずっと、愛を探していた。

そんなふうに言うと、かなりのロマンチストのようだが、人工知能開発者として、「脳にとって愛とは何か」を探ってきたのである。人工知能に愛を教えることができるのか、それを知りたかったから。

男女が惚れ合って、互いを独占しようとし合う行為は、愛とは言い難い。なぜなら、これは、遺伝子配合のために用意されたプログラムに他ならないからだ。

哺乳類のメスは、オスへの警戒信号が働く。生殖が命がけなので、無駄な妊娠なんかしていられないからだ。このため、オスが近づいて来たら、警戒信号が流れて、イラっとする、が情動の基本形。

そうしておいて、オスの生体情報（声や骨格、体臭など）から、無意識のうちに遺伝子の情報を読み解き、「遺伝子相性のいいオス」にだけ、一定期間この警戒信号が切れて、発情する。発情すれば、「一緒にいたい」「相手を独占したい」という感情が起こって、いわゆる恋愛状態になる。しかし、これらはすべて、脳の生殖本能とホルモンが作り出す情動である。

私は、直感的に、愛とは、恋が終わっても残るもの、恋が伴わなくてもそこにあるもののような気がしていたのだが、脳の機能の中のどれがそうなのか、言い当てられないでいた。

けれど、最近やっと、愛の正体を知った気がする。それは、ことばの秘密と共にあった。

# 祖父から孫に引き継がれた「ことば」

遠来の友と食事をして会話に興じ、ホテルに送り届けたとき、あなたは、自然に「ゆっくり、休んでね」と言わないだろうか？

「ゆっくり」も「やすんでね」も、ヤ行音で始まることばだ。ヤ行音は、二重母音で出す音韻。イアを一拍で発音するとヤ、イウを一拍で発音するとユ、イオを一拍で発音するとヨになる。イは、舌を鋭く緊張させる音で、アウオはそれを和らげる。このため、ヤユヨは、癒しの感覚をもたらす音韻たちなのである。加えて、舌を揺らすことで音を作るヤ行音は、筋肉運動が始まってから、実際の音の発現までに最も時間がかかる音でもある。このため、ヤ行音を発音した私たちの身体には、実際に「長い時間と癒し」の感覚がもたらされるのだ。

ヤ行音を発すると、上半身の緊張がほどける。自分の身体に実際に起こるその感覚を、私たちは、たいせつなひとに与えるために、ことばを発するのである。もちろん、他の音韻も同じ。サ行音を発すれば爽やかさが、タ行音を発すれば力強さが口腔周辺に起こり、他者に与えることができる。

私の舅は、外出から帰ったとき、必ず「やれやれ」と声を出して、自分と家族の身体の緊張を解いてくれた。私が何かに失敗してあわてているときも、黒川の父は、「やれやれ」と声をかけてくれた。そう声をかけると、私が緊張から解けるのを知っていたのだと思う。

二〇年ほど共に暮らし、やがて、父を亡くした。その葬儀の日、疲れ切って玄関にたどり着いたとき、父の「やれやれ」を失ったことに気づいて、私は愕然としてしまった。いつもならここで、父のそのセリフが家族を癒すはずなのに、それがない。私は、たいせつな愛をひとつ失ったのだと思い知った。

そのときだった。中学生だった息子が、「やれやれ」とつぶやいたのだ。後で、なぜ言ってくれたの?と聞いたら、「誰かが言わなくちゃならない気がして。

なのに、パパが言わないからさ」
こうして、祖父のことばは、孫へと引き継がれた。二八歳になった彼は、今も、大事なときには「やれやれ」をくれる。長旅から帰ったときも、心配し緊張して待っていた私の心を、このセリフで解いてくれる。これを愛と言わずして、何を愛と呼ぶのだろう。
他者の痛みを知り、自らの中にある癒しを与える行為。それを愛というのだと、私は確信する。

だから、愛とは痛いものなのである。痛みを知っている人にしか、愛は訪れない。

我が家の猫は、私が扁桃腺《へんとうせん》を腫らして寝ていると、私の喉に自分の喉を重ねてごろごろと鳴らしてくれる。猫のごろごろは、免疫力を上げる効果があるそうで、弱った仲間にもしてやるそうだ。彼女は、彼女の中にある癒しを、私に与えようとしてくれる。猫にはことばがないが、愛はあるのである。彼女は痛みを知っていて、癒しもまた知っている。

というわけで、人工知能には、愛を教えてはやれない。痛みのわからないものには、愛もわからないのである。

私たちは、女として母として社会人として、今日も、なんらかの痛みと共に生きていく。けれど、それでいい。それは、愛を持っているのと同じことなのだから。

# 男たちの帰還

## あらためて妻たちに知っておいてほしいこと

今年、私は還暦を迎えた。同い年の夫は三月で定年退職を迎える。夫が家にいる人になる。

そこで、結婚三四年目の私たち、あとどれくらい一緒にいるのかと思って、指折り数えてみたら、たいへんなことに気づいてしまった。これまでより、これからの方が長い……！

今や人生一〇〇年時代。これまでよりさらに長い夫婦時間を、私たちは生きて行く。今さらながら、その事実に驚く。これは覚悟を決めなくてはならない。ここからの、さらに長い時間を夫婦として過ごす覚悟が要る。

あらためて妻たちが知っておかなくてはならないのは、男性脳は、半径三メートル以内を見るようにはできていない、心の会話は封じられている、という二点だ。

何回か話題にしたが、男性脳は半径三メートルより外側の動くものに瞬時に照準が合うようにできている。代わりに、半径三メートル以内の空間認知力がとんと弱い。物は探せないし、目の前の人の動線がつかめないから「察して、手を添える」ができない。

なのに家庭は〝半径三メートル以内でできている世界〟。男たちは、家を「戦いに向かうための休憩所」と捉えるのはいいけれど、そこに常駐するのは実は不安なのだ。女性脳の感覚に置き換えてみれば、荒野に放り出されたような、あるいはいきなり丸の内のオフィスビルで暮らせと言われたような、そんな不安感がある。

男性脳は、何万年も狩りをしながら進化してきた。荒野に出て、危険な目に遭いながら、仲間と自分を瞬時に救いつつ、確実に獲物を持って帰ってきた男性だけが、安定して子孫を増やしてきたのである。

その進化の果てに二一世紀の男性たちがいる。広い空間を一気に見渡して地理情報を把握し、向こうから飛んでくるものをいち早くキャッチして、確実に迎撃する。そんな脳神経信号の制御方法が、研ぎ澄まされて、ここにあるのだ。

半径三メートルの外側は、何キロも先まで男性脳の守備範囲だ。繊細にものを見るわけじゃないが、要所要所を見逃さない。そんなものの見方で、男性脳は、広さと速さを旨とした視覚認知を実現しているのである。

だから男性脳に、目の前のものを大切そうに見つめ続けよ、あるいは、目の前のものを探せというのが酷なのだ。何万年も男たちは、半径三メートル以内は女に任せて、「狩りのための眼球制御」を進化させてきたのだから。

また、狩りをする男たちは、情報伝達が簡潔だ。事実だけをすばやく伝える。

女性たちのように「あなたの気持ちはよくわかる。だけどね」と言うふうに、事実を伝える前に心をねぎらったりはしないのだ。「きみの気持ちはよくわかる。だけど、そっちは……」なんて言ってたら、沼に落ちてしまう。「そっち行っちゃダメ」は、何の修飾もなく瞬時に伝えなければいけない。それが男性脳の対話における制御方式なのである。

## 「心の文脈」の紡ぎ方

妻としては、今日のつらい出来事をただ聞いてねぎらってもらいたいだけなのに、「嫌ならやめればいい」だの「きみに非がある」だの、いちいち突っかかってくるので、「わかってもらえない」と言う絶望感に打ちひしがれてしまう。でもそれは、嫌がらせでも無神経なのでも、ましてや愛情の欠如でもない。箇

潔な問題解決……それこそが、男性脳の使命なのである。

何万年もそれでよかったのだ。

――ここまでは。

少し前まで、定年退職後、男たちはそう長生きしなかった。しかし、今は、ここから四〇年生きる。男たちにとっても、彼らと共に暮らす女にとっても、人類初の未知の領域に入るのである。

妻である人は、夫はそもそも「心の文脈」を忘れて生きてきたことを理解してあげてほしい。

男たちも、かつて幼い日には、母とそうして語り合っていた。しかし、男性ホルモンの分泌量が増える思春期に、男たちは、いったん心の文脈を閉じるのである。荒野に果敢に出ていくために。冒険者になるために。

定年で家に帰ってくる男は、男性ホルモンの分泌量が控えめになって、もう一度、少年の気持ちを取り戻そうとしている。かつて母と語り合ったように、妻と語り合いたいのである。

そんな彼に「心の文脈」の紡ぎ方の見本を見せてあげよう。夫の話に共感し、ねぎらいをあげよう。たとえ、彼がそれをしてくれなくても。ひととき、母になってあげればいい。幼い息子が一生懸命、慣れないお手伝いをしてくれた日のように、その手を取って、優しいねぎらいを。この世に「心の文脈」があることを、彼はきっと思い出す。

かつて母のもとから旅立った男は、妻のもとへ還る。

一人の男の還る場所になること。長年連れ添った妻にしかできない仕事である。

# 夫婦人生最大の正念場

## 外の仕事と家事は別物ではない！

今朝、ある媒体のライターから質問が届いた。「男にとって、定年は一区切り。一方で主婦の家事は一生終わらないと言われています。主婦である妻にやってあげられることは何ですか？」

私は、この質問文自体に、一瞬絶望してしまった。一見、男の優しさのようだが、まったく違う。この質問者は、専業主婦の奥様をお持ちなのだろうか。

家事と外の仕事を、対極のように扱っている。

働く女性と、男性に伍して働く妻を持つ男性にとって、そもそも外の仕事と、家のタスクは別物じゃない。「これを終えたら、今日は、おれが子どもを迎えに行ける」「助かった！　お願い！」みたいなやり取りの中でギリギリの家事育児をこなしていて、仕事と家事がモザイクのように組み合わさっているからだ。

このため、働く女性の夫が先に定年退職すると、自然に、家のタスクの配分が変わる。ただ、それだけ。

我が家も、夫が定年退職して三か月になるが、夫が家にいてくれることが、こんなに役に立つとは予想外だった。「家事の分担」なんて高度なやり取りは一切ないのだが、「もう出かける時間だ。洗濯物、干し終わらない〜っ」が何度かあったら、「洗濯物は全部やるから、これから気にしないでいい」と言ってくれた。「コーヒー、淹れたよ」も日常に。昨日は、なんと、私の着物の帯も器用に結んでくれた（微笑）。

# 家事とは生きる営みそのもの

そう考えると、「定年後問題」の多くは、家の仕事と、外の仕事を別物だと思っている夫婦の間で起こることなのだろう。

「外で働く」と「家事」はどちらも、よりよく生きるためのタスクで、「外の仕事」は免れるけど、「家事」は生きている以上、免れない。生きている以上、歯を磨き、お尻を拭くのと同じことだ。

「専業主婦」とは、外でバリバリ働きたい夫のために、「私は彼を支えたいし、外仕事への情熱がそれほどじゃないし、子どもがかわいいし」という妻が、外の仕事を捨てて、家事を一手に引き受けた「一時的状態」にすぎない。一生、家庭内のすべてを担当するという約束をしたわけじゃない。

このため、夫が定年退職して家に入ったら、当然、妻の家事が軽減するのは当たり前だと妻のほうは思っている。定年してなお「家事は妻の仕事」だと思い込んでいる夫は危ない。「手伝う」という感覚もダメなのだ。

「お昼は何？」とか聞いてくる夫の「家事への他人事」ぶりに、妻は絶望していく（家事チームの一員なら、主体的に「お昼はどうしようか？」と聞いてくるのが当たり前）。その絶望がたまると、女性はある日「一緒にいる意味がわからない」という感覚に襲われる。

家事は、生きる喜びでもある。家事に主体的に参加して、自立して生きられることは、人生の尊厳につながっていると私は思う。

義母は晩年、下の始末ができなくなったときに、「情けない」と言って泣いた。義母は、人間としての尊厳を失った気がしたのだろう。家事は、その尊厳につながっている。家事に長けた妻から見たら、時間があるくせに「お茶」「お昼は？」なんて言ってくる夫は、自分でお尻が拭けるのに「お尻拭いて」と言ってくるのと変わらない。そんな尊厳のない夫を愛せないのは、当たり前じゃないだろ

うか。

歯を磨くように、皿も洗い、お尻を拭くように、床も拭く。それは、生きる営み。「主婦がやるべき仕事を、ここらで一つ分担してやろう」的な、他人事な話じゃないのである。妻は、生きる営みを代替してくれていた。ここからは、共に生きる。二人で主婦になるのである。

定年、一区切り？　バカ言っちゃいけない。人生最大の正念場である。

# 男性には、具体的な担当を任命しよう！

さて、しかし、専業主婦の奥様に、今まですべてを任せてきた男性は、いきなり、家事のパートナーにはなれない。縄跳びの高速二重跳びに、いきなり入れと言われたようなものだから。

妻である人は、「なんとなく手分けできる」と思わないほうがいい。担当に任命することをお勧めする。「お風呂掃除担当」「在庫管理担当」「ベランダ担当」「蕎麦ゆで担当」「夜の炊飯器仕込み担当」のように。

男性は、担当に任命されると、それを一途にこなしてくれる。きっと、その誠実さに惚れ直す。

一方、夫である人は、妻がそれをしてくれなかったら、申し出ればいい。「これを確実にしてくれたら嬉しいっていうタスクある?」というように。

二人はかけがえのないチームメイトになる。しかしながら、大ベテランと、初心者マーク。どうか、優しさと寛容を。

# 母性を美化しすぎないで

## 産まない女性脳と産んだ女性脳の成熟の仕方

朝のワイドショーで、出産で家庭に入った女性の再就職支援について取り上げていた。それを受けて、司会の男性が「子育てをした女性は、他にない、素晴らしい人生体験をして、大人になって帰ってくるんだから、大切にしたいですね」とおっしゃった。

美しい発言である。しかし私は、何か、苦いものを口にいれられたような気になった。「子どもを産んで育てていること」を、そんなに持ち上げなくてもいいのではないだろうか。

理由は二つある。産んだ女性は、母性を神格化されると、それがストレスになる。そして、産まない女性たちは、この発言を、どのような気持ちで受け止めるのだろうか。自分が何か大きなことをし損ねていて、未完成だと思えてしまうのではないか。

子どもを産んで家庭の中にいた年月は、無じゃない。いのちがけで子どもを産み、昼夜神経を傾けて必死で幼いいのちを守り抜いてきたのだもの。その経験は尊いものだし、ビジネスに活かせる可能性は十分ある。

けれど、子どもを持たない年月だって、もちろん無じゃない。二者には、同じ時間が流れているのである。産まない女性たちも、その年月の中で、耐えがたきを耐え、忍びがたきを忍んで大人になってきているのだ。

世の中が、女性活躍支援を声高に言うようになり、企業や男性たちが、子どもを産んだ女性たちを持ち上げる一方で、子どもを持たない女性に心ないことばを放つことがある。「きみは、子どもを産んでないからわからないだろうけれど」とか「彼女は子どもがいて大変だから、きみ、やっといて」とか。

子どもを産んでないからわからない？　子どもを産んだ女性に言われるのならまだしも、育児に参加しているとも思えない男性上司に言われるのは耐えがたいのではないだろうか。

「きみ、やっといて」には「女なら彼女の大変さがわかるだろう。女同士で始末しといてよ」という暗黙の押し付けがある。実際、子育て中の女性が抱えきれなくなったタスク（作業）のフォローは、女性に割り振られる確率が高いのが実態である。「産んでないから、わからない」と決めつけた返す刀で、「女ならわかるだろう」は、ひどすぎる。

しかし、産まない選択をしたキャリアウーマンたちは、決して騒がない。謙虚に、「やはり経験の欠如ですから、私たちにはわからないことがあると思います」と引き下がり、言われたように、始末してやる。

今こそ、私は声を大にして言いたい。産まない女性は、「産んだ女性」の未

完成形なんかじゃない！
　産まない女性脳は、産んだ女性脳とは、別の成熟の仕方をするのである。
　そもそも母性の機能は、生まれつき持っているものだ。察する力、臨機応変力、共感力。子どもを産むと、それが、子どもに集中する。優しさを子どもに集中して、搾取できる者からは徹底して搾取する。それが子を無事に育てあげる本能＝母性の正体である。脳は、かなり偏りのある使い方になり、その偏りが一方で新発想を生む。この世に、〇〇だから劣っている、という脳はないのである。

産まない女性たちは、その母性の機能を、社会に公平に照らすように使う。周囲を気遣い、偏りのないように手を差し伸べ、組織を優しく束ねるキーパーソンになる人たちだ。宗教組織が、古《いにしえ》の昔から、産まない女性を担保してきたのには意味があったのである。尼さん、巫女《みこ》さん、シスターたち……

社会は、子どもを産まない選択をした女性たちに、敬意を表してもらいたい。本人には、自分を未完成形だと思うことを止めてほしい。

## 家事と育児の両立はきれいごとではない！

一方、母性の神格化は、母親たちにも心地よくない。新米ママたちの「家事と育児の両立」は、きれいごとじゃないのである。

どうにかこうにか外出の準備を整えたかと思うと、赤ちゃんがぶりっとウンチをして、最初から仕切り直し。そんな悪夢の中でもがいているような日常が、延々と続くのである。

もちろん、赤ちゃんはかわいいが、憎くなる瞬間もある。そんなことを感じる自分を恥じ、落ち込んで日が暮れる。帰ってきた夫が「きみは一日うちに居られていいなぁ」なんて言った日には、ガラガラとこの世が崩れていく感じがする。

母性を美化しすぎないでほしい。臭いウンチをする赤ん坊に、おっぱいをやりながら生きるということは、たくましくて汗臭い営みである。愛しいが、他人に褒めちぎってもらうほどのことじゃない。そういう母であれと言われた気がして、ストレスになる。

# 人生をプレゼントする

## トップリーダーの条件とは？

若さって、なんだろう。

最近、そんなことを思うようになった。肌がきれいで、ウエストが細くて、ファッションも若作りをしているのに、おばちゃんにしか見えない人がいる。かと思えば、皺もしみもあるのに、少女のような清々しいオーラを発散する人がいる。彼女たちに「マダム」ということばは似合っても、「おばちゃん」「おばあちゃん」ということばは似合わない。そんな年長の女友達が何人かいて、ときどき、会いたくてたまらなくなる。

違うのは、表情としぐさ。突き詰めれば、女の魅力は、それに尽きる。

実は、脳科学上、表情としぐさは、人生を作るのである。

白川由紀さんという写真家がいる。

若い日に、単身アフリカ大陸に渡って、アフリカの風景を撮り続けた人だ。フィルムカメラの時代に、フィルムを山ほど背負って、たった一人で、アフリカの荒野を行く。そのフィルムも、駆け出しの写真家には資金がないため、フィルムメーカーに直談判して、提供してもらったという。朝の連続ドラマの主人公並みに、タフでしなやかな人である。

さて、その白川氏が、あるとき、会食の席で、ふと、私にこう言ったのである。「黒川さん、リーダーの条件って、なんだと思う?」

彼女は、アフリカで、どの集落を訪ねても、集落をあげての夕食会に招かれたという。東洋からの珍しい女性客を、もてなしてくれたのだろう。その席で、彼女は、誰に紹介されなくても、トップリーダーがわかったと言うのだ。百発百中である。

長老がリーダーだった村もあり、若きリーダーの村もあった。華美な服装のリーダーもいれば、質素な装いのリーダーもいる。饒舌なリーダーもいれば、無口なリーダーもいる。そんなことじゃないの、と、彼女は微笑んだ。

答えは、「人を笑顔にする力」だった。トップリーダーが入ってくると、そこにいる人たちがいっせいに嬉しそうな顔になる。人を笑顔にする力がリーダーの条件なのだと、彼女は悟ったそうだ。いい話である。

## ミラーニューロン効果で周りを明るく

私は、脳科学者なので、別の感銘をもってこの話を聞いた。

私たちの脳には、ミラーニューロン（鏡の脳細胞）と呼ばれる細胞がある。目の前の人の表情筋の動きやしぐさを、鏡に映すように自分の表情筋に写しとる働きをする。目の前の人が満面の笑みを浮かべたら、つい、つられて笑ってしまうでしょう？　赤ちゃんにバイバイと手を振ると、振り返してくれるのもミラーニューロン効果だ。
そう考えると、アフリカのトップリーダーたちは、きっと、嬉しそうな表情をしているのに

違いないのだ。本人がその表情を持っているから、周りはつられて、そういう表情になる。

## 「表情」で若い世代をバックアップする

そして、もう一段、深い話がある。表情は、脳に影響を及ぼすのだ。表情は出力だが、入力にもなる。人は嬉しいから嬉しい表情をするわけだが、嬉しい表情をすると、嬉しい時に起こる脳神経信号が起こってしまうのである。

つまり、嬉しそうな顔＝「前向きで、好奇心とユーモアに溢れた朗らかな表情」の人は、周りの人にその表情を伝染させ、周りの人の気持ちをそうさせてしまうってことだ。嬉しい表情の人は、「朗らかな家族を持ち、前向きな部下を持ち、好奇心と集中力に溢れた子どもを持つ」ことになる。必然的に、いい組織の中心に位置することになる。

逆に言えば、口角を下げた不満そうな顔の人と共に生きるのはつらい。気持ちが下がって、能力が発揮できず、人生が厳しくなる。母親がそういう人だったら、子はどうなるのだろう。そういえば、「うちの子はやる気がない」という人は、必ず口角が下がっている。

私は、まずい、と思って、椅子から転げ落ちそうになった。忙しさのあまり、家族の前で顔をしかめて生きていたからだ。

私が会いたい年上の女友達は、みんな表情が素敵だ。人生の悲哀を味わってなお、好奇心に溢れる少女のような眼と、いつでも笑いだせる、きゅっと上がった口角を持っている。その顔に会うと、理屈抜きで、「人生は素敵だ」と信じられる。

私は、今年還暦を迎えた。ここからは、若い人に「表情」をプレゼントしよう。それは、意欲を贈り、人生を贈ることになる。人生は素敵だ。そして、それを暗黙のうちに教えてくれるマダムはもっと素敵である。

# おわりに

先日、五〇代の友人と食事をしていたら、彼女が「年を重ねるのが怖い。容姿が衰えていくのが不安でしょうがない」と肩を落とした。

まだまだ若さゆえの特性（細いウエスト、豊かな髪）を残す彼女には、きっとそれがうんと怖いのだろう。けれど、そんなものが露と消えた先にも、人生の歓びはあるのに。いや、その先にこそ、人生の滋味があるのに。

ランチタイムでは伝えきれなかったが、この本がもうすぐ発売になるので、私は心の中で「待っててね」と声をかけながら食事を終えた。

人生一〇〇年時代、人生は、彼女が執着しているものを手放してから、まだ五〇年もある。「次の五〇年」を、それはそれで存分に楽しまなきゃ。

この本を読んでくださるすべての方に、そんなエールを伝えたかった。

伝わりましたでしょうか。

「成熟したおとなのための人生の指南書」を、と、清流出版の長沼里香さんにお願いされたのは、三年前のこと。雑誌「清流」の連載エッセイとして、毎月一本ずつ二年間（当初）という申し出だった。

メインの読者は六〇代を中心とした、人生をよりよく生きたい女性たち。私が今まで書いてきた脳科学の人生指南書は、恋愛中や子育て中の世代に向けたものが多い。成熟世代の女性向けに、あらためて筆を執《と》るのは、考えてみれば初めてのことだった。

迷わなくなった世代に、何かを指南するのは難しい。難色を示した私に、長沼さんは、根気よく食い下がってくれた。「迷いを捨てていく道に寄り添ってほしい。五〇代以降の脳の素晴らしさを書いてほしい。読者には三〇代の方もいる。このエッセイを読んで、年を取っていくことが怖くなくなるような、そんな連載にしたい」と。

当時、私は五七歳、指折り数えてみれば、この連載を終えるころに還暦を迎える。これは、三年後の私への手紙だなぁと、しみじみと思った。

六〇になった私が、万が一にも、年齢にがっかりしないように、老いに怯《おび》えないように。生殖期間を終えた後の脳がどんなに素晴らしいかを、若い人たちがこの世代の英知をどんなに必要としているかを、今一度、覚書にしていく。未来の自分へのプレゼント。そしてそれは、既に成熟世代にいる方へのエールになり、年を重ねていくことに不安を感じ始めた若い人たちへの道しるべになるに違いない。よっしゃ。

そんなふうにして連載が始まった。本書は、その連載をまとめたものである。連載が始まるにあたって、私が唯一出した条件は、大高郁子さんのイラストにしてもらうこと。ほっこりと温かくてユーモアがあって、ときに少しだけ辛辣なスパイスも効いていて、しみじみとした余韻を残す。どの一枚にも「人生」の愛しさが詰まっている。私が、熟年世代に向けて書く文章は、大高さんのイラストなしには、成り立たないと思った。そして、そのとおりになった。

連載は、当初の目論見より一年長くなり、最終回が発売されるころ、私は満六〇歳になる。

それより、ほんの少しだけ早く、今までの連載が一冊の本に編まれた。それが本書である。

書き尽くした感がある。六〇代の自分へのエール。そして、老いに不安を感じ始めた四〇代、五〇代への道しるべ。もちろん、二〇代、三〇代に読んでいただいてもいい。人生には「その先」があるんだ、と思えたら、今日の失敗や悲しみが、きっと少しちっぽけに見えてくる。だって、若き日の苦しみは、「その先」の輝きの種なのだもの。

この本を編むにあたっては、清流出版の秋篠貴子さんにご尽力いただいた。その名の通り、凛とした清楚な方で、本の編み方も、そんな風情になった。私からの条件は、今回もただ一つ。装丁イラストを、大高郁子さんにお願いすることだった。

大高さんのイラストなしには、この文章は完成しない。まさに、画竜点睛《がりょうてんせい》を欠く、である。大高さんは、ご多忙にもかかわらず、このリクエストに応えてくださった。

大高さんとの三年間は、ジャズのセッションをしているような感覚だった。「さぁ、私のこの旋律に、どう絡んでくるの?」とピアノを弾いたら、大高さんのギターが応えてくれる、そんな感じ。しかも、この旋律に、そんな絡み方が?と、いつも予想を超えた「納得」に興奮させられた。その興奮が、翌月への執筆意欲を掻き立ててくれたものである。この連載は、大高さんとの共著である。

さらに、この本のために、大高さんはパワーアップしたイラストを何枚も用意してくださった。大高さんのイラスト集としても価値がある一冊だと思う(ちょっと添え文が長すぎるけど(微笑))。

共に歩いてくださった大高さん、長沼さん、秋篠さんに、心から感謝します。

そして、もちろん、この本を最後まで読んでくださったあなたに、心からのありがとうを伝えたい。本は、読んでくださる人の思いの深さを持って完成します。今、ここに、一冊の本が完成したこと…深謝です。

では、私は今から六〇代！「次の五〇年」をますます楽しもうと思います。

ぜひ、ご一緒に。

二〇一九年八月、爽やかな夏空の朝に

黒川伊保子

本書は、月刊『清流』の連載「エレガントな脳科学」（二〇一七年一月号〜二〇一九年一〇月号）に加筆・修正をしたものです。

**黒川伊保子**（くろかわ・いほこ）

1959年、長野県生まれ。人工知能研究者、感性アナリスト。（株）感性リサーチ代表取締役。奈良女子大学理学部物理学科卒業後、メーカーで人工知能研究に携わったのち、言葉の感性の研究を始める。男女脳の可笑しくも哀しいすれ違いを書いた随筆や、語感の秘密を紐解く著作が人気を博し、テレビやラジオなどでも幅広く活躍している。『共感障害〜「話が通じない」の正体』（新潮社）、『妻のトリセツ』（講談社）、『ことばのトリセツ』『女の機嫌の直し方』（以上、集英社）、『定年夫婦のトリセツ』（SBクリエイティブ）など著書多数。

| | |
|---|---|
| イラスト | 大高郁子 |
| カバー写真 | 鶴崎 燃 |
| ブックデザイン | 唐澤亜紀 |

# 幸福になるための人生のトリセツ

2019年9月18日　初版第1刷発行

著者　黒川伊保子

発行者　松原淑子
発行所　清流出版株式会社
101-0051 東京都千代田区神田神保町3-7-1
電話　03-3288-5405
http://www.seiryupub.co.jp/

編集担当　秋篠貴子
印刷・製本　図書印刷株式会社

乱丁・落丁本はお取替えいたします。
ISBN978-4-86029-489-2